Leer Voelen!

MIEKE MOSMULLER

LEER VOELEN!

OCCIDENT • BAARLE NASSAU

Band MM 60

Uitgeverij Occident
Geerstraat 1
5111 PS Baarle Nassau
Nederland

Telefoon: +31 (0)13 - 507 99 48
E-mail: info@uitgeverij-occident.nl
Internet: www.uitgeverij-occident.nl

Omslagontwerp: Occident Media B.V.
Omslagafbeelding: Ruth Franssen

ISBN/EAN: 978-90-75240-63-4
NUR: 735

INHOUD

INLEIDING

In het boekje met als titel 'Leer Denken!' heb ik een poging gedaan om zo kort en bondig mogelijk een aantal oefeningen te geven die, wanneer je ze werkelijk doet, ertoe kunnen leiden dat je een beter, intelligenter, geconcentreerder en meer waarheidsgetrouw denken ontwikkelt.

Nu is het zo, dat wanneer je met het denken de waarneming met de zintuigen trouw en geconcentreerd weet te volgen, je in principe in de waarheid bent, ook al reikt je begripsvermogen vaak niet toe om ook werkelijk te doorzien wat er aan de hand is. Ik heb als voorbeeld de crisis met betrekking tot Corona genomen, waarbij je geconfronteerd werd met nieuwsberichten daarover, en vervolgens ook met alle mogelijke consequenties. We hebben gezien hoe sterk deze crisis een polarisering in de mensheid teweeg heeft gebracht. Een deel van de mensen staat geheel en al achter de nieuwsberichten uit de media en van de politiek en gaat daar helemaal in mee, recht daartegenover staan de critici en daar tussenin is er een groep die zowel het één als het ander enigszins laat gelden. Maar wie van die drie groepen is nu werkelijk in de waarheid? Zoals gezegd: je kunt doordat je geconcentreerd en exact volgt wat zich voordoet, erop vertrouwen dat je in zoverre ook werkelijk in de waarheid bent. Maar de interpretatie ervan is nog iets anders, en dat is nu juist waar je als mens behoefte aan hebt, dat je de feiten zó kunt interpreteren dat ook die interpretatie waar is. En dan is het natuurlijk toch een raadselachtig verschijnsel dat er zulke verschillende standpunten kunnen worden ingenomen ten aanzien van één en hetzelfde gebeuren. Wanneer je met het denken de feiten volgt, ben je in de waarheid, ik kan dat niet vaak genoeg herhalen. Maar wat die waarheid dan betekent, dat is met het denken eigenlijk niet uit te maken. Er moet aan het denkproces nog iets worden toegevoegd waardoor dit denkproces de mogelijkheid krijgt om ook een zekerheid te beleven met betrekking tot waar of onwaar. Aristoteles, de filosoof van het vroege denken, heeft een boekje geschreven over de interpretatie. Dat is een klassiek filosofisch werk waarin hij op zijn wijze vervolgt wat interpretatie precies is, welke problemen je als mens hebt bij de interpretatie en welke fouten er kunnen worden gemaakt.

Terwijl dit hele proces schijnbaar in het denken verloopt, is er toch een dieperliggende laag in de mens waar de zekerheid met betrekking tot de waarheid of de onwaarheid wordt beleefd. En je kunt gerust stellen dat de waarheid niet in het denken gevonden wordt, maar in de beleving van het denken. Beleven is een kwestie van voelen. Nu is het menselijke voelen iets wat zich van nature vanzelf aan de mens voordoet. Waarnemen doe je ook min of meer vanzelf, maar opmerkzaam zijn is een kwestie van willen, van inzet. Gedachten vormen doe je ook vanzelf, maar iets begrijpen door je aandacht erop te richten en te zoeken naar de betekenis, is een kwestie van willen. Een dergelijk gevoel van inzet die nodig is om tot opmerkzaamheid en denken te komen is er in het voelen niet. Het gevoel dringt zich aan je op. Dat maakt het leven vaak ook moeilijk. Vooral als de gevoelens aan de negatieve kant zitten en zich met kracht aan je opdringen. Dan ben je ongelukkig en lijd je daaronder. Je zou kunnen zeggen dat het zo ver zou kunnen komen dat je aan de waarheid vreugde beleeft en aan de onwaarheid verdriet, ongenoegen. Maar je kunt niet zonder meer zeggen dat, wanneer je bepaalde feiten tot je neemt en je voelt je er gelukkig bij, ze dan altijd waar zijn, en dat ze als je er ongelukkig bij voelt niet waar zijn. Het gevoel heeft een sterk subjectief karakter. We zeggen 'smaken verschillen'. Ik vind dit mooi, terwijl jij het lelijk vindt. Ik hou van dit soort muziek terwijl jij er een hekel aan hebt. Ik denk dat dit waar is, en voor jou is het duidelijk dat het onwaar is. Maar terwijl je met het verschil in smaak nog wel kunt leven, kun je met het verschil in waarheidsbeleven over hetzelfde verschijnsel eigenlijk niet leven. En dat heeft ermee te maken dat ieder mens in de diepte van zijn wezen weet dat iets *niet* waar en onwaar tegelijk kan zijn. Het kan wel in bepaalde aspecten waar en onwaar zijn. Maar de hele interpretatie kan niet tegelijkertijd waar en onwaar zijn. En wanneer ik ervan overtuigd ben dat iets waar is en jij bent tegelijkertijd van hetzelfde ervan overtuigd dat het niet waar is, dan raak je als mens in grote onmacht. Die kan ertoe leiden dat je gaat discussiëren in de hoop elkaar ervan te kunnen overtuigen dat je gelijk hebt. Maar de kracht van het beleven van de waarheid en onwaarheid is doorgaans zo groot dat zo'n discussie op niets uitloopt.

Het kan eigenlijk niet zo zijn dat de interpretatie van een bepaald feit of gebeuren bij de een de conclusie teweegbrengt 'dit is waar' en bij de ander 'dit is niet waar' en dat ze allebei gelijk hebben. Waar berust het gewaarworden van de waarheid op?

Met het denken volg je de feiten. De interpretatie daarvan is een kunst op zich. Maar ieder mens heeft ook een beleving bij het opnemen van bepaalde feiten. En in die beleving meen je te weten of iets waar is, of iets niet waar is of dat je het niet kunt beoordelen. Waar ligt die laag onder het denken, waarin het waarheidsbeleven woont? Die laag is het gevoelsleven. En zoals gezegd, gevoelens komen passief. Ze komen vanzelf. Je zou ze graag willen opwekken, dan zou je bijvoorbeeld altijd vrolijk kunnen zijn, blij. Maar dat gaat niet, gevoelens komen in je op, overspoelen je soms. En in dat gebied van het voelen ligt de beleving van de waarheid verborgen. Voor zover de waarheid met directe feiten te maken heeft, hebben we geen moeite hiermee. Dat twee plus twee voor iedereen vier is, dat laat zich bewijzen door twee objecten te vermeerderen met nog eens twee, ze te tellen en dan zijn het er vier. Maar een bepaald stuk in de krant dat je leest en vergelijkt met andere kranten of met berichten over hetzelfde gebeuren van gisteren of vorige week, daarbij speelt zóveel een rol, dat je niet eenvoudigweg kunt weten of het waar is wat je leest en gelezen hebt. En omdat het ook nog zo is dat wat jij meent dat waar is kan verschillen van wat iemand anders meent dat waar is, is het begrijpelijk dat in filosofische kringen wel getwijfeld wordt aan het bestaan van waarheid op zich.

In dit tweede boekje, dat wel de titel moet dragen 'Leer Voelen!', wil ik de techniek bespreken aan de hand van een reeks van oefeningen, om te komen tot een actief waarheidsbeleven. Dit beleven leeft in het voelen. Met de waarheid valt niet te spotten, niet te spelen, je kunt die niet anders maken dan zij is, want dan ben je een leugenaar. De waarheid heeft met beleving te doen en de beleving ligt in het gevoel. Waarheidsgevoel is er vanzelf. Je hoeft alleen te leren hoe je je voor de beleving van de waarheid kunt openstellen.

ONDERSCHEID IN HET VOELEN

DE EERSTE OEFENING

Nu wil ik dit boekje weer zó vormgeven dat ik *geen* verhandelingen houd over de samenhang tussen de waarheid en het gevoelsleven, maar dat ik oproep tot een reeks van oefeningen die iedereen die dat wil kan meedoen en die ervoor zullen zorgen dat de oefenende persoon zelf gewaarwordt hoe met het gevoelsleven de waarheid wordt erkend. Bovendien zal blijken dat er nog veel méér in het gevoel verborgen ligt.

Het is duidelijk dat die vorm van gevoel waar ik nu over spreek, niet aan de oppervlakte ligt. Want wanneer dat het geval zou zijn, dan zouden alle mensen het vanzelf met elkaar eens zijn, doordat ze in het gevoelsleven een zintuig zouden hebben waardoor ze direct zouden weten of iets waar is of niet. Het is duidelijk dat dit niet het geval is. Je zou daaruit kunnen concluderen dat het onmogelijk is om het met elkaar daarover eens te worden. Maar net zoals we, wanneer we waarnemingsoefeningen met de zintuigen doen, gaan merken dat er een hele wereld van vertekening in ons aanwezig is waardoor de waarneming niet zuiver is, zo is dat ook met het gevoel het geval. Wanneer je ongeschoold het gevoel als zintuig voor de waarheid neemt, dan kom je in een scheidende werking terecht, niet een werking die mensen verenigt. Je kunt heel gemakkelijk zeggen: 'Ja, maar ik voel dat zo.' En daarmee is dan een soort machtspreuk uitgesproken van: Kom daar niet aan, het is mijn gevoel en ik weet wat waar is en wat niet waar is.

Door oefening zullen we ontdekken dat het zomaar iets voelen nog niet leidt tot de waarheid. Ik wil nog eens naar voren halen wat in het oude geschrift de 'Bhagavad Gita' gezegd wordt over de hindernis die de mens heeft om tot wijsheid te komen. Ik heb die passage uit de 'Bhagavad Gita', waar Krishna de vraag van Arjuna beantwoordt, geciteerd in verband met het denken. Maar je kunt op een dergelijke wijze ook met betrekking tot het voelen zeggen dat er een wolk van begeerte rondom de mens aanwezig is, die tenslotte zelfs veel meer in het gevoel aanwezig is dan in het denken en die wolk leidt ertoe dat je in het gevoel niet zuiver oordeelt. Sinds er een zelfbewustzijn in de mensheid aan het groeien is, is de vraag sterker en sterker opgekomen naar hoe je tot een zuivere gewaarwording komt.

Wil je werkelijk zinvolle antwoorden daarop vinden, dan moet je die zoeken bij de grote mensheidsleraren en je moet die zoeken in de wijsheid van de oeroude mysteriën waarin nog meesters, ingewijden aan het werk waren, die zicht hadden op de oerschuld van de mens. Een schuld die de mens eigenlijk draagt *buiten* zijn schuld. Dat is een buitengewoon ingewikkeld religieus thema, maar we weten als mensen allemaal wel naïef, dat we ingepakt zijn in meningen en vooroordelen die gebaseerd zijn op sympathie en antipathie. En dit zijn de beide polen die in het gevoelsleven overheersend zijn. Wanneer het zo zou zijn, dat ieder mens op de juiste wijze sympathie en antipathie zou voelen, dan was er geen sprake van onenigheid met betrekking tot wat waarheid is en wat niet. Maar zo is het niet. De eerste stap die we moeten zetten is de stap naar erkenning, dat we in een wolk van begeerte in het gevoelsleven gehuld zijn, een direct in ons opkomend beleven van sympathie en antipathie, waardoor we helemaal niet de mogelijkheid hebben om met het gevoel vast te stellen of iets waar is of niet.

Een groot gedeelte van de waarheid leeft direct in de waarneming en het denken. Wanneer je dat wilt oefenen, dan kun je de twaalf oefeningen uit het boekje 'Leer Denken!' doen. Maar er blijft een groot gebied bestaan, misschien wel het allergrootste gebied, waarmee je met waarneming en denken niet kunt uitmaken of iets waar is of niet. Daarvoor heb je dan het waarheidszintuig van het gevoel nodig, van de beleving. En dat zintuig is vertroebeld door de persoonlijke sympathie en antipathie, door de persoonlijke hebzucht, begeerte, enzovoort. Het gebied waar de waarheid verborgen ligt onder de mantel van de sympathie en antipathie, is vooral waar het gaat om de inhoud die niet direct kan worden waargenomen en we hebben in de berichtgeving in de media een geweldig terrein om dat gebied van de waarheid en de onwaarheid te leren kennen.

De eerste oefening zal dan ook moeten zijn dat we een stuk tekst uit een nieuwsbericht of uit een gesproken bericht zorgvuldig nadenken en dat we erop letten welke gevoelens daarbij opkomen. Heel nauwkeurig. We nemen de tekst en we lezen die regel voor regel en letten erop wat voor palet aan gevoelens bij ons opkomt. Die komen zoals gezegd vanzelf, daar hoef je niet bijzonder actief voor te worden. De activiteit ligt in het nauwkeurig lezen van de tekst en het opmerkzaam zijn op de opkomende gevoelens. De gevoelens wellen spontaan op. Probeer ze te pakken te krijgen en schrijf op wat de aard en de betekenis van de gevoelens is. Dat zijn niet alleen sympathie en antipathie, maar dat is het hele scala van gevoelens dat onder sympathie en dat onder antipathie valt. Wanneer je een gevoel van ergernis voelt opstijgen, behoort dat uiteraard tot de antipathie, de angst hoort daar ook bij. De vreugde, de verwachting, de blijdschap zijn gevoelens van sympathie. Maar ook wanneer je onmiddellijk denkt 'Ja! Dat vind ik ook!' dan is dat sympathie, en wanneer je onmiddellijk denkt

'Nee! Dat vind ik niet!' dan is dat antipathie. Schrijf al die gevoelens op. Bekijk ze daarna, en vraag je af in hoeverre die gevoelens werkelijk *objectief* met de beschrijving die je gelezen hebt te maken hebben, of in hoeverre ze uit jouw *subjectieve* beleving opwellen. Dus, maak een onderscheid. Er zijn gevoelens die ontstaan uit de zuivere beleving van de tekst, maar de meeste gevoelens wellen op uit de subjectieve beleving zoals *jij* dat alleen maar kunt. Dat kan geen ander mens nadoen, want die heeft jouw subject niet. Dat is ook waarom we er zo aan gehecht zijn en waarom we wat moeite zullen voelen om daar afstand van te nemen. Het is *mijn* eigenaardigheid dat ik deze gevoelens voel opkomen. Maak het onderscheid, schrijf het op. En doe morgen hetzelfde met een ander stuk tekst. En zo een hele week lang. Dat is de eerste oefening.

DE GUNAS

In het boekje over het ontwikkelen van het denken, met de titel 'Leer Denken!' heb ik, zoals gezegd, een klein citaat uit het grootse Indische gedicht de 'Bhagavad Gita' gegeven waar Krishna antwoordt op de vraag waar nu toch eigenlijk de zonde vandaan komt en hoe daardoor de wijsheid wordt verduisterd. Later in het gedicht wordt dit verder uitgewerkt en op een bepaald punt legt Krishna aan Arjuna uit, dat wanneer de ziel zich bekleedt met een stoffelijk lichaam er drie gevoelskrachten ontketend worden. Gedeeltelijk zijn dat positieve krachten, die zelfs een zekere schijn van heiligheid hebben, anderzijds zijn het ook hindernissen, waardoor de blik van de mens vertroebeld wordt en de wijsheid verduisterd. Ik citeer dit tekstgedeelte uit de Bhagavad Gita, dat is het 14e hoofdstuk, en daar zegt Krishna het volgende tegen Arjuna: [1]

> 'Harmonie en ritme, beweeglijkheid en traagheid, dat zijn de hoedanigheden uit Prakrit geboren. Zij, o Arjuna binden de onvernietigde bewoner van het lichaam vast aan het lichaam.
>
> Van deze Gunas bindt harmonie (sattva) wegens haar glanzende en zuivere smetteloosheid door gehechtheid aan zaligheid en gehechtheid aan wijsheid, o gij zonder zonden.
>
> Weet, dat beweeglijkheid, rajas, welke de aard bezit van hartstocht, de bron is van levensdorst (trishna) en gehechtheid, o Kaunteya, die de bewoner van het lichaam kluistert aan het lichaam door gehechtheid aan handeling.

---

1 Vertaling door dra. C. Keus, uitgeverij Ankh Hermes.

Weet, dat traagheid, (tamas), geboren uit onwetendheid, (avidya), de bewoner van elk lichaam misleidt; zij bindt hem door nalatigheid, vadsigheid en luiheid, o Bharata.

Harmonie (sattva) hecht de mens aan zaligheid; beweeglijkheid (rajas) aan handeling, o Bharata. Inertie (tamas) die de wijsheid versluiert, hecht de mens daarentegen aan nalatigheid, achteloosheid.

Soms heeft harmonie (sattva) de overhand, wanneer ze beweeglijkheid (rajas) en traagheid (tamas) heeft bedwongen, o Bharata; soms beweeglijkheid, als deze harmonie en traagheid heeft overwonnen; en soms traagheid als ze harmonie en beweeglijkheid heeft overmeesterd.

Wanneer het licht van wijsheid uit alle poorten van het lichaam stroomt, kan men zeggen, dat de harmonie (sattva) toeneemt.

Hebzucht, uitstromende energie, ondernemingsgeest, rusteloosheid, afgunst en begeerte, spruiten voort uit een toename van de beweeglijkheid (rajas), o beste der Bharatas.

Duisternis, stilstand, achteloosheid en ook de waan, deze spruiten voort uit de toename van traagheid (tamas), o vreugde der Kurus.'

Krishna en Arjuna afgebeeld in de Preah Vihear Tempel te Cambodja

Hoewel in de vele eeuwen die verlopen zijn tussen deze woorden in het gedicht 'Bhagavad Gita' en onze tijd, en er in de constitutie van de mens veel is veranderd, kun je toch zeggen dat de woorden die Krishna hier spreekt een grondwaarheid bevatten die wij ter harte kunnen nemen, wanneer we willen leren voelen. Ook wanneer we willen leren denken, maar we bewegen ons nu in de richting van het gevoelsleven en we zullen ervaren dat juist daar deze begeertekrachten een sterke rol spelen.

We hebben een eerste oefening voor het voelen en de verbinding van het beleven van de waarheid gedaan en we hebben daarbij dagelijks zo precies mogelijk genoteerd wat er aan gevoelens bij ons opkomt wanneer we een bepaald stuk tekst lezen. We hebben gemerkt dat de hele voorraad van meningen en oordelen in ons opkomt, wanneer we zo'n actueel stuk lezen.

Maar nu zoeken we de gevoelens daaronder en je mag wel zeggen dat *meningen* en *oordelen* in gedachten gekomen *gevoelens* zijn. Dus wanneer je niet direct de toegang vindt tot de gevoelens die ongetwijfeld in je opkomen dan kun je ook kijken naar welke meningen en oordelen er in je opkomen en zoeken naar de grond daarvan, letterlijk, want dat zijn de gevoelens.
Ik wil geen gevoelens-leer verkondigen, waarbij je angst niet tot gevoel zou mogen rekenen, dat mag wel. Alles wat gevoels-achtig in je opkomt, schrijf je op. En wanneer je na een week die schilderingen van alle gevoelens nog een keer doorneemt, dan krijg je een klein stuk zelfkennis met betrekking tot je gevoel en je gevoelsleven tijdens het lezen van een stuk tekst gepresenteerd.

Het gaat er dan nog niet om dat je je heel intensief bezighoudt met de inhoud van wat je gevoeld hebt en of je dat wel of niet had mogen voelen, maar het gaat er meer om dat je je bewust wordt dat het zo is, dat je tijdens het lezen van actualiteit of tijdens het horen, of het aanschouwen ervan, een rijke wereld van gevoelens in je laat opstijgen, die doorgaans alleen als *meningen* en *oordelen* bewust worden, maar zelfs dát gebeurt vaak helemaal niet. Je vormt ze wel, die meningen en oordelen, maar ze zijn zó vluchtig dat je ze inhoudelijk niet eens gewaarwordt. Wat je uiteindelijk hebt, is een totaaloordeel aan het eind van het lezen, wat dan waarschijnlijk nog steeds heel vluchtig is, maar waar je vervolgens wel mee blijft zitten. Dat kan met omgekeerde kracht dan weer die gevoelens die je die dag of avond hebt, sterk beïnvloeden.

Het is de bedoeling dat deze oefeningen heel gemakkelijk in het leven van alledag in te passen zijn, dat je geen uren voor studie hoeft uit te trekken, maar dat je bij datgene wat je toch altijd al doet een versterkte opmerkzaamheid op jezelf ontwikkelt, waardoor je een steeds helderder besef krijgt van je gevoelsleven. Zo willen we een tweede oefening aangaan, opnieuw met behulp van het lezen van een tekst, maar deze keer nemen we niet een tekst uit de actualiteit, maar we nemen een tekst uit de filosofische literatuur. En omdat dit iets is wat naast het gewone leven moet kunnen plaatsvinden heb ik een tekst uitgezocht zodat je niet uren hoeft te gaan zoeken in je boekenkast, de bibliotheek of op internet om dan te gaan twijfelen of het wel een geschikt stuk is. Alle stukken zijn geschikt, maar het heeft een verenigende werking, wanneer we allemaal hetzelfde stuk tekst nemen.

INTERMEZZO OVER DE WAARHEID

Voordat we nu met oefenen verder gaan, is het nodig om een korte beschouwing over de waarheid in te voegen. Het is duidelijk dat in veel gevallen met het denken en het waarnemen vastgesteld kan worden dat iets waar is. En het is even duidelijk dat er een heel gebied in het bestaan is waar het met zekerheid vaststellen van waarheid helemaal niet eenvoudig is. We weten: in het gebied van het rekenen en de wiskunde is de zekerheid met betrekking tot de waarheid het duidelijkst. In alle overige gebieden ligt dat heel gecompliceerd. En vooral wanneer het gaat om onderwerpen waarbij mening en vooroordeel een rol spelen, lijkt het vaak onmogelijk om te weten wat de waarheid is.

Wat daarentegen niet onmogelijk is, is dat je jezelf opvoedt tot een mens die de waarheid boven alles liefheeft. Wanneer je iets toestaat belangrijker te zijn, in denken en voelen, dan de waarheid, dan ben je op weg naar de leugen. We hebben als mensen de mogelijkheid tot die liefde voor de waarheid en die zouden we met alle kracht die we in ons hebben moeten cultiveren.

Na de eerste oefening met betrekking tot het opkomen van gevoelens van sympathie en antipathie is het misschien al enigszins duidelijk geworden, als een vorm van zelfkennis, dat je met de subjectieve gevoelens mogelijk de waarheid geweld aandoet. Wanneer je discussies bijwoont of zelfs *voert*, dan is het overheersende karakter daarin, dat de discussiërende deelnemers hun mening en oordeel willen doorzetten als algemeen geldig, en dat ze dat doen met argumenten die doorgaans bol staan van subjectieve sympathie en antipathie. Hoe meer je in jezelf die subjectiviteit overwint, des te onmogelijker wordt het om aan dergelijke discussies deel te nemen. Je zult er ook achter komen dat je aan stootkracht verliest wanneer je je subjectiviteit aflegt, daarvoor in de plaats komt dan de rustige zekerheid van de zuivere blik op de feiten en in bepaalde gezelschappen zal die zeker worden gewaardeerd, maar in een verhitte discussie moet je je daarin maar beter niet mengen, want je delft het onderspit.

Om tot een erkenning van de waarheid in bepaalde feiten, gebeurtenissen, samenhangen, gesprekken, lezingen, wat dan ook te komen, is het noodzakelijk dat je niet alleen waarneemt en aan de hand daarvan zo zuiver mogelijk denkend de waarneming vervolgt, maar je moet ook in een ander gebied de bevestiging of de ontkenning beleven. Je moet leren beleven of iets klopt of niet. Of dat je het niet kunt beoordelen, dat kan ook altijd. Het is als luisteren naar muziek en het horen van een harmonie. Dat stemt, in het Duits zeg je: 'Das stimmt'. Het klopt. Dat is een beleving die het denken zelf niet brengt. Dat wil zeggen dat het denken wel de beleving op gang brengt, maar de beleving ligt in een ander gebied dan in het denken zelf. In welk gebied? In het gevoelsgebied. De beleving is gevoel, en deze keer is het geen sympathie of antipathie, maar het is een midden-gevoel. Het gevoel van harmonie. Het stemt. Maar dat wil vervolgens niet zeggen, dat wanneer je het gevoel, de beleving, hebt dat iets klopt, dat je dan ook werkelijk de waarheid gevonden hebt. Want zolang je met je subjectieve sympathieën en antipathieën nog deelneemt aan het beleven van 'het klopt of het klopt niet', ben je niet in de waarheid zoals deze, als een boven alles staande goddelijke persoon, in de mens wonen kan.

De waarheid is niet een eeuwig geldend dogma. De waarheid is een levend wezen, dat zich voegt in de verschijnselen van de tijd en van de ruimte. Maar zij bevat geen enkele zweem van willekeur. Ze is ook niet een mechanisch principe, of een nul-één bepaling. Nul is niet waar, één is waar, zoals de computer dat doet. De waarheid is een evenwichtig wezen, waar je als mens van nature en vanuit je geestelijke bestaan toe bent aangelegd. Maar alle subjectiviteit hult haar in ondoordringbare sluiers. En het is het gevoelsleven waarin de subjectiviteit de hoofdrol speelt. Het onderzoek dat we met behulp van deze oefeningen doen en gaan doen, is erop gericht de zelfkennis te verwerven van hoe sterk je met de subjectiviteit de waarheid verhult, en het oefenen van de mogelijkheid om zuiver in het midden de waarheid tot jouw leidende ster te maken.

Hoewel mijn bedoeling is om de waarheid tevoorschijn te brengen in het verloop van een aantal oefeningen, hebben we toch ook wat kennis nodig. Interessant daarbij is het woord 'waarheid' zoals dat in het oude Grieks luidde: *Aletheia*. De etymologen kunnen zich daarover het hoofd breken, hoe zo'n woord moet worden opgevat. Dat is met het woord Aletheia ook gebeurd.

Het is een belangrijk woord in bijvoorbeeld het Johannes Evangelie in het Nieuwe Testament. Daar klinkt al in de proloog 'vol van overgave en waarheid'. Aletheia. Nu is er in de 20e eeuw een filosoof geweest die een bijzondere theorie over dat woord heeft gehad. Ik ben eigenlijk niet geneigd om over een theorie te spreken, maar zijn verklaring van het woord Aletheia als iets heel vanzelfsprekends aan te nemen. Wat niet wegneemt dat de andere verklaringen ook een zekere geldigheid kunnen hebben. Het was Martin Heidegger die in het woord Aletheia het woord *Lethe* herkende. En ieder die de Griekse mythologie kent, weet dat men zich in de Griekse tijd voorstelde dat je na de dood een rivier moest oversteken en dat die rivier als het ware het aardebewustzijn uitveegde, deed vergeten. De naam van die rivier is de *Lethe*. Wanneer je je opmaakte voor een volgende incarnatie, dan moest je - ik spreek in de verleden tijd omdat deze mythologie in de verleden tijd ligt, maar het zou nu natuurlijk ook nog wel eens waar kunnen zijn - opnieuw de Lethe oversteken en dat leidde er dan toe dat je op aarde kwam met een leeggemaakt bewustzijn, dat je geen herinneringen had aan de wereld waarin je voor de geboorte was geweest. Daardoor werd het dan ook mogelijk om niet meer in de wereld van vóór en na de dood te geloven omdat daar de vergetelheid een rol speelt. Het woord Lethe is in elk geval in het woord Aletheia aanwezig. En het voorvoegsel 'A' betekent, zoals wel bekend, 'niet'. Wanneer je het zo opvat, betekent het woord Aletheia in feite datgene wat niet vergeten is uit de wereld van het voorgeboortelijke, of uit de wereld van de *Idee*, zoals Plato dat zag.

Dan is *waarheid* in feite een herinnering aan datgene wat je voor de geboorte als zekerheden hebt geweten, maar wat je op aarde niet meeneemt omdat je een zelfstandig denkend mens moet worden. Je bent dat alles dus vergeten, maar je kunt de herinnering daaraan opwekken en dat is het leerproces. Wanneer je de juiste herinnering opwekt, dan ben je in de Aletheia, in de waarheid.

Je zou kunnen zeggen dat het een romantische mystificatie van een nuchter woord is, maar we zijn bezig met het voelen en in het voelen zijn we heel wat minder abstract dan in het denken. In het denken kun je nog menen dat de waarheid een bepaald wetmatig karakter heeft en dat je in feite alleen maar je kennis hoeft te vergroten om steeds meer en meer in de waarheid te komen. Dat mag voor de natuurwetenschap in zekere zin nog wel een geldigheid hebben, maar wanneer je naar het maatschappelijke leven, naar het natuurlijke leven, naar het politieke leven kijkt, dan weet je dat je daar met een toename van kennis niet uitkomt om de waarheid te vinden. Je hebt daarvoor een zintuig nodig en dat zintuig hébben we weliswaar, maar dat is niet zoals alle andere zintuigen van nature rein gegeven, het is versluierd door onze sympathieën en antipathieën.

Daarom zijn we nu bezig met de ontwikkeling van het gevoel. Niet omdat we minder gevoelig willen worden, maar wel omdat we minder *subjectief* gevoelig willen worden. En misschien voel je de dageraad al schemeren, dat het tegelijkertijd ook betekent dat je een gelukkiger mens wordt. Want niets maakt zo ongelukkig als het subjectieve gevoelsleven. Natuurlijk brengt het je ook vreugde en genot, maar je weet tegelijkertijd hoe vergankelijk die positieve gevoelens zijn. En je zou werkelijk dankbaar zijn wanneer je het vermogen zou hebben om in een objectief gevoelsleven sterk te zijn. Dat zou niet betekenen dat je niet meer zou voelen, integendeel, het zou betekenen dat je sterker zou voelen dan ooit tevoren, maar met de zekerheid dat die gevoelens objectief zijn. En wanneer je dan aan je gevoelens moet lijden, dan weet je tenminste dat dit lijden gerechtvaardigd is.

Een bekend spreekwoord is: *Een mens lijdt het meest, onder het lijden dat hij vreest.* En mijn moeder zei er altijd achteraan: 'En die nooit bewaarheid worden'. Dat is wel werkelijk een smartelijke verkwisting van het gevoelsleven, wanneer je je dagen doorbrengt in nutteloze, zinloze lijdensgevoelens, terwijl je het lijden waar het werkelijk om gaat versuft en verslaapt.

HEGEL

DE TWEEDE OEFENING

Ik neem een stukje tekst uit mijn allereerste boek *'Zoek het licht dat opgaat in het westen'*, waarin ik op een gegeven moment een citaat uit het boek 'De wetenschap van de logica' van Hegel citeer, en vervolgens bespreek ik de inhoud van dat citaat. De eerste regels van die bespreking wil ik nu als studieobject voor deze week naar voren brengen.

Die paar regels luiden als volgt:

'De logica is de zuivere wetenschap, het weten in haar meest zuivere vorm, omdat ze de leer is van de kunst van het weten zelf en daarmee ten grondslag ligt aan alle overige wetenschap. Het bewustzijn van hoe de begrippen zichzelf bewegen, de logica dus, is het zuivere weten. En omdat dit zich in het bewustworden ervan direct openbaart in de zelfwaarneming, is dit zuivere weten de tot waarheid geworden zekerheid. Zekerheid omdat men dit zuivere weten als zuivere denkbeweging waarnemend, dit niet nog eens hoeft te overdenken om de betekenis ervan te bedenken, nee, deze zuivere denkbeweging spreekt zichzelf al denkende uit en is met het gedacht zijn tegelijkertijd bedacht.'

Wanneer je deze tekst, die eigenlijk een korte herhaling is van het citaat van Hegel, leest en meedenkt, dan wellen er allerlei gevoelens in je op. Nu is het over het algemeen zo dat die gevoelens zo weinig bewust zijn dat ze niet als gedachten in het bewustzijn opstijgen en als zodanig halfbewust of zelfs onbewust blijven, maar vervolgens wel de houding beïnvloeden die je ten opzichte van zo'n tekst inneemt. Het kan bijvoorbeeld zijn, dat zo'n stukje tekst je uitermate onaangenaam treft. Dat kan komen doordat je niet gewend bent zulke teksten te lezen en er een onmachtgevoel opkomt; of je voelt tegenzin of een antipathie tegen dergelijke taal. Het kan ook zijn dat je juist thuis bent in dergelijke materie en het er bij voorbaat al niet mee eens bent, bijvoorbeeld omdat Hegel een denker is die je om wat voor reden dan ook allang hebt afgewezen. Dan ga je de tekst die daarover gaat niet objectief onder ogen zien. Dat kan allemaal in je opkomen zonder dat je het echt bemerkt.

Georg Wilhelm Friedrich Hegel, 1770-1831.

Het gaat er nu om dat je het wél bemerkt. Dat je zo sterk gaat luisteren naar de gevoelens die in eerste instantie in je opkomen, dat je de vraag beantwoordt: 'Heb ik negatieve of positieve gevoelens?' want het kan uiteraard ook zijn dat je geen onmacht voelt, maar een vorm van vreugde ervaart, doordat je aangenaam getroffen bent door een dergelijke tekst. Of dat je bemerkt dat je het heel goed begrijpt en dat je daar ook een gevoel van welbehagen door krijgt. Ook kan het zijn dat de inhoud van het stukje tekst overeenkomt met een geliefde opvatting van jou, dan heb je daar ook positieve gevoelens bij. Het kan ook zijn dat je werkelijk niet kunt doordringen tot het begrip van wat er staat. Natuurlijk begrijp je de zinnen, je begrijpt in zoverre wel wat er staat, maar je snapt de betekenis niet en dan is het vanzelfsprekend dat je buitengewoon onaangename gevoelens krijgt. Al deze mogelijkheden, en er zijn er nog veel meer, leven in de mens en spelen bij het lezen van een tekst mee, of spelen zelfs een hoofdrol, terwijl de lezende mens gewoon aan het lezen is en helemaal niet bemerkt wat er gebeurt.

Zoals we de vorige week als het ware een status hebben gemaakt van onze gevoelens bij het lezen van een actualiteit, doen we dat nu met dit stukje tekst. We doen dat dagelijks, we nemen dagelijks hetzelfde stukje tekst, proberen het van dag tot dag ook werkelijk beter te begrijpen. Maar dat is niet de hoofdzaak, de hoofdzaak is de oplettendheid op je gevoelens en het zo precies mogelijk beschrijven daarvan. En als het in het begin misschien lijkt dat je helemaal geen gevoelens hebt, kijk dan naar alle gedachten die bij je opkomen, want dat zijn hoogstwaarschijnlijk in het bewustzijn binnengeworpen schaduwen van je oorspronkelijke gevoel.

Wij leven als moderne mens vooral in het voelen van jezelf en het gevoel wordt pas echt waarneembaar wanneer het heel sterk is. De lichte golvingen van het gemoed, daar kijken we met ons verstand eenvoudigweg overheen. Nu moeten we de relatie omkeren en zover komen dat we beginnen te zien, hoe dat verstand in de werking beïnvloed wordt door die heel kleine golfjes in het gemoed. We kunnen dan aan het eind van de oefening onszelf iedere keer de vraag stellen: 'Is dit, wat in dit stukje tekst staat, waar? En hoe maak ik dat uit, waarom zeg ik: Wel nee joh, dit is gezwets. Of zeg ik: Ja maar natuurlijk, dit is de volle waarheid en dit is een vondst, waardoor ik ook op andere momenten makkelijker de waarheid kan vinden, nu ik dit weet!' Dat is het andere uiterste. Wat doet mij deze tekst, met betrekking tot de vraag: 'Is deze waar of niet?'

Dus eerst proberen we de gevoelens die bij ons opkomen tijdens het lezen van de tekst in kaart te brengen en we sluiten af met de vraag: 'Is dit, wat ik gelezen heb, waar?' en hoe kom ik tot dat oordeel 'waar of niet waar', of 'gedeeltelijk waar'?

Speelt die waarheidsvinding zich uitsluitend af in de samenhang van de gedachten, of speelt ook een gevoelscomponent een rol? En stel dat ik in staat ben om mijn subjectieve gevoelens geheel en al tot zwijgen te brengen, en ik kom tot de conclusie dat, wat in dit stuk tekst staat, waar is, of hoogstwaarschijnlijk wel waar zal zijn, wat is het dan precies waardoor ik dat weet en vooral dat ik het zeker weet? Hetzelfde geldt voor de conclusie dat deze tekst niet waar is of niet op waarheid te beoordelen valt omdat die te klein is of om een andere reden. Waar ligt de bron van die zekerheid? Dat is de oefening van de tweede week.

PYTHAGORAS

DE DERDE OEFENING

We gaan nu over tot een derde oefening. We zijn op zoek naar het gevoelsleven dat ons kan leiden naar de waarheid. Je zou kunnen zeggen dat de waarheid een element van het denken is, en dat is het ook. Maar ieder mens heeft voor zichzelf een bevestiging of een ontkenning nodig. En die beide categorieën, ja en nee, behoren tot het gevoelsleven, waar je door de sympathie 'ja' zegt en door de antipathie 'nee'. Nu is hierbij het misverstand, dat het gevoelsleven altijd subjectief is. Dan zou dit betekenen dat je vanuit subjectieve sympathie iets voor waar houdt en vanuit subjectieve antipathie iets voor onwaar houdt, terwijl je niet in de verste verte kunt weten of je daarmee ook werkelijk gelijk hebt. In deze oproep om te leren voelen ligt de oproep verscholen om het *objectieve gevoelsleven* te ontdekken. Hier is ontdekken werkelijk het juiste woord, want het objectieve gevoelsleven ligt toegedekt onder de subjectieve sympathie en antipathie. Maar sympathie en antipathie zijn ook objectieve krachten en die moeten we zien te vinden. In de Griekse oudheid was de leraar met betrekking tot de idee en de waarheid Plato en in zijn school kreeg je als beginner allereerst een grondige scholing in de wiskunde. We begrijpen waarom dat zo was: omdat we in de wiskunde het minst ten prooi zijn aan discussies over of iets wel of niet zo is, omdat in het rekenen en in de wiskunde de waarheid voor iedereen in te zien is. Wij zullen deze week ook een stukje wiskunde doen. Schrik er niet voor terug, iedereen die kan denken en voelen kan ook wiskunde doen. Het is de angst voor de intellectuele opgave daarvan, waardoor veel mensen menen dat niet te kunnen.

Pythagoras 572-500 v. Chr.

We gaan dit nu niet doen omdat we wiskunde willen leren, maar we gaan het doen omdat we een mogelijkheid willen vinden om dat geheimzinnige proces van het 'ja' zeggen tegen iets wat waar is en het 'nee' zeggen tegen iets wat niet waar is in het gevoelsleven willen leren kennen. In het boekje 'Leer Denken!' nam ik de platonische dialoog Menon als voorbeeld. Daarin wordt een eenvoudig wiskundevraagstuk opgelost. Deze keer wil ik een wat gecompliceerder vraagstuk nemen dat ik al vaker aangehaald heb, en dat is het bewijs van de stelling van Pythagoras. Daarvoor bestaat niet slechts één bewijs, er zijn meerdere bekend, maar we kiezen er één en ik zal beschrijven hoe dat bewijs tot stand komt. Het gaat er dan om dat we in deze week iedere dag opnieuw dat bewijs doordenken en letten op het 'ja' wanneer we de juistheid van een stap erkennen.

De stelling van Pythagoras heeft betrekking op een driehoek, waarvan een hoek een rechte hoek is (van negentig graden). De beide aanliggende zijden noemen we a en b, de tegenoverliggende zijde noemen we c. Nu is de stelling van Pythagoras dat het kwadraat van a plus het kwadraat van b gelijk is aan het kwadraat van c. dat wil dus zeggen: a x a plus b x b is c x c. In mijn wiskundeles op het gymnasium werd die stelling eenvoudigweg gegeven en het zal vast wel zo zijn geweest dat in het gebruikte wiskundeboek een bewijs van de stelling heeft gestaan, maar die is mij niet bijgebleven. Pas toen onze kinderen wiskundeles op de Vrije School kregen zag ik het bewijs van die stelling en werd ik door een groot enthousiasme in mijn gemoed in vuur en vlam gezet. Dat klinkt misschien overdreven, maar het is een beschrijving van de feiten. We stellen ons dus die driehoek voor, en we kunnen hem maar het beste op papier zetten. En we zetten eronder: $a^2 + b^2 = c^2$

Waar je dan bij stil moet staan, is dat je a x a, b x b, c x c ook in een ruimtelijke figuur kunt uitdrukken. Want a x a is de oppervlakte van een vierkant. Wanneer a een zijde is met een bepaalde lengte, dan is a x a de oppervlakte van een vierkant met als zijde de lengte a. We kunnen dus aan de driehoek drie vierkanten hechten: één aan de zijde a, één aan de zijde b en één aan de zijde c.

Pythagoras zegt nu dus eigenlijk: de oppervlakte van het vierkant a x a plus de oppervlakte van het vierkant b x b is gelijk aan het oppervlak van het vierkant c x c. Je zou die twee vierkanten a x a en b x b in c x c willen proppen om te zien of het precies daarin past. Maar dat gaat zomaar niet, dat is duidelijk. Dus er moet een weg gevonden worden waardoor met zekerheid wordt aangetoond dat de som van die beide oppervlakten gelijk is aan dat grotere oppervlak c x c. Nu heb ik al heel veel elementen van dit bewijs uitgesproken en je moet er deze week toe komen om bij het nadenken van die elementen te letten op de bevestiging van dat het waar is. Je kunt zeggen: je moet ook letten op de ontkenning dat het waar is, maar dat is in dit wiskundevraagstuk *niet* het geval. De dingen die hier in dit wiskundevraagstuk worden gezegd zijn waar en het gaat erom dat je zelf erkennen kunt, dat je er niet overheen denkt, maar dat je echt *zelf* erkent dat a^2 een vierkant is. In de Duitse taal is dat gebleven, want daar is het woord voor vierkant 'kwadraat'. Ik vond dat boeiende ontdekkingen en was verbijsterd over het feit dat het in de middelbare schooltijd totaal aan de aandacht ontsnapt was. Ik kan me niet herinneren dat ik ooit heb beseft dat a^2 een vierkant is. Maar zo worden die abstracte formules tot zichtbare beelden. En dan wordt de vraag gesteld: 'Hoe bewijzen we dan nu dat die vierkanten $a^2 + b^2$ even groot zijn als het vierkant c^2?' Daarvoor bestaat er een figuur. Daarin kun je dat zien.

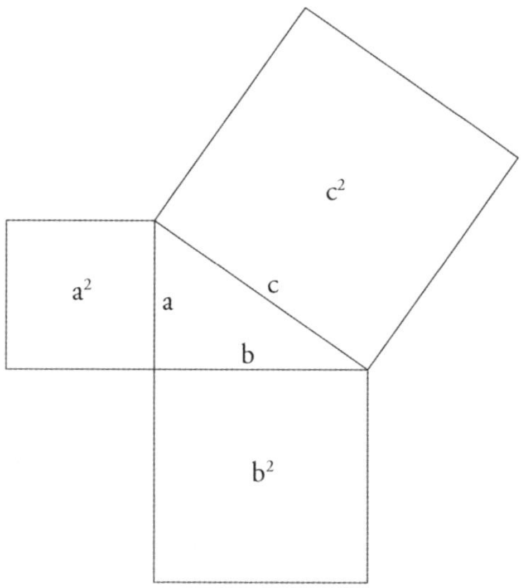

Nu kunnen we eerst zelf zoeken naar de oplossing van dit vraagstuk, maar ik zal deze oplossing ook in woorden hieraan toevoegen.

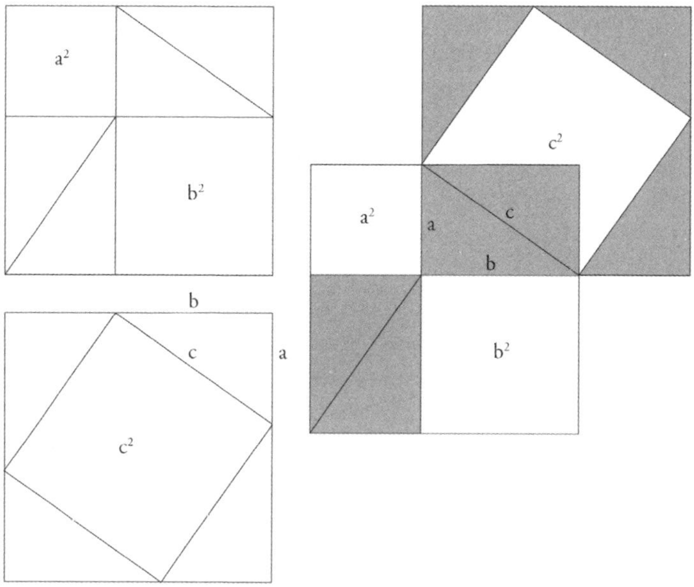

Je ziet in de wit met grijze figuur het bewijs aanschouwelijk. We hebben de driehoek met de zijden abc, we hebben de vierkanten aan die zijden vast, a^2, b^2, c^2. Nu maken we een vierkant dat a^2 en b^2 in zich heeft, het betekent, dat kun je zien op de tekening, dat het een vierkant is met als zijden $a + b$. Het vierkant c^2 breiden we ook uit tot een groter vierkant, waarbij ook de zijden $a + b$ zijn. Dat kun je in de figuur zien. Je hebt dan dus twee grote vierkanten die even groot zijn, namelijk het vierkant dat $a^2 + b^2$ in zich sluit en het vierkant dat c^2 in zich sluit. En je ziet nu dat bij het vierkant dat a^2 en b^2 in zich heeft, naast die twee vierkanten vier driehoeken van de oorspronkelijke driehoek erbij zijn gekomen om het grotere vierkant te maken. Bij het vierkant dat c^2 in zich heeft, zien we hetzelfde. Ook daar zijn er vier driehoeken met de zijden abc, die buiten het vierkant c^2 vallen. De conclusie moet dus zijn dat bij zowel het ene vierkant als bij het andere vierkant, die allebei even groot zijn, namelijk met zijden $a + b$, dat daar vier gelijke driehoeken afvallen, wanneer je de oppervlakte van $a^2 + b^2$ wilt hebben, maar ook wanneer je de oppervlakte van c^2 wilt hebben. De conclusie is dan dat $a^2 + b^2$ gelijk is aan c^2 en zo hebben we het bewijs geleverd en begrepen.

Nu was de opgave bij dit gedachte-experiment om te letten op het begrijpen. Op het moment dat je het begrijpt zeg je 'ja'. En 'ja' leeft in het gevoel. 'Nee' ook. Dat kunnen we niet makkelijk constateren, omdat het gevoelsleven niet zo helder bewust is als het bewustzijn met het denken. Toch zijn gevoelens zoals bekend overheersende krachten die het denken heel goed kunnen overstemmen, als ze maar sterk genoeg zijn. Maar we zijn niet gewend om te letten op het *proces van erkenning en afwijzing*. En dat moeten we ons in deze week zo goed als mogelijk eigen maken. Je zult hoogstwaarschijnlijk in het begin het gevoel hebben dat je stokdoof bent voor het gevoel dat de erkenning draagt, wanneer het begrip er is. En in dit bewijs van de stelling van Pythagoras zitten heel wat momenten van begrip. Je zult mogelijk nog enigszins bekend zijn met het zien van de gedachten van het verloop van dit bewijs. Maar wat je normaal ontgaat, is dat wat het *hart* daarbij doet, wanneer je de gedachten zó kunt beleven dat je ze ook begrijpt. Dat is een uiterst fijnzinnige zelfkennis die wij hier zoeken.

Wanneer je de oproep 'Leer Voelen!' wilt volgen dan is dit een heel belangrijke stap. Die mag je niet verdromen of verslapen, die moet je in alle wakkerheid zien binnen te halen. Dat betekent dat je datgene, wat zich over het algemeen half buiten je bewustzijn afspeelt in het beleven van het begrip en daarmee het beleven van de waarheid, nu binnenhaalt in het wakkere bewustzijn. In de wiskunde is er een schat aan inhoud te vinden waarbij je dit kunt oefenen. Maar omdat we er maar een week de tijd voor nemen is dit bewijs van de stelling van Pythagoras ruim voldoende om het 'ja' van de erkenning, die uit het gevoel opwelt, te leren kennen en als het enigszins kan je te verwonderen over de gelukzaligheid van het in waarheid begrijpen.

Ieder mens heeft gevoelens. Terwijl je al een speelbal kunt zijn van je associatieve gedachten, ben je dat zeker van je opwellende gevoelens. Je kunt een gelukskind zijn dat over het algemeen in positieve gevoelens gehuld door het leven gaat. Je kunt ook een ongelukskind zijn dat verdriet, depressiviteit en antipathie als levensgezellen met zich meedraagt. De laag van het gevoel die we zoeken, omdat daar het zintuig voor de waarheid verborgen ligt, kent geen ongelukkige of gelukkige kinderen. Daar is de waarheid geluk en de onwaarheid ongeluk. Maar daar heb je een zekere macht over je gevoel, omdat je de waarheid kunt zoeken, met opzet, en de onwaarheid kunt weren, met opzet. Niet dat je die niet zou moeten inzien, want dat moet je natuurlijk wel en daar zul je ook aan lijden, maar de erkenning dat iets onwaar is heeft altijd ook een waarheidsaspect. Je zult misschien niet in deze week, maar wel in de nabije toekomst dankzij deze oefeningen een heel ander gevoelsleven leren kennen, waar je steeds meer en meer meester in kunt worden.

In dit voorbeeld in de wiskunde is de waarheid in zekere zin onbetwijfelbaar. Iedereen ziet die, niet op gelijke wijze, maar wel in gelijke mate, namelijk totaal, in. Je kunt nog spreken over andere vormen van bewijs van dezelfde stelling, die kun je dan ook samen op een gelijke wijze inzien. In de wiskunde beweeg je je in een heel zuiver en doorzichtig gebied. In het stukje tekst dat we in de vorige oefening hebben gepresenteerd is, om daarin de gevoelens die daardoor worden opgewekt gewaar te worden, de vanzelfsprekendheid van de waarheid van wat daar wordt gezegd veel minder groot dan in de wiskunde. Ik zal een poging doen om dat stukje tekst op dezelfde wijze uit te leggen als ik de stelling van Pythagoras heb uitgelegd, namelijk stap voor stap, en we zullen dan zien of het mogelijk wordt op een gelijksoortige wijze de waarheid van de beweringen daarin te erkennen. Dit wordt dan de vierde oefening.

DE LOGICA

DE VIERDE OEFENING

De logica is de kennis van de wetmatigheden van het denken. Daar gaat het natuurlijk niet om het associatieve gedachteleven, om het denken zoals dat op een alledaags niveau zich voltrekt, maar het gaat om het *begrijpende denken*. Het begrijpende denken volgt de wetten van de logica. Het is niet zo dat die wetten zijn opgesteld en dat het denken die vervolgens moet volgen, maar er is een filosoof geweest die zich bewust werd dat in het denken bepaalde wetmatigheden werken, waar ieder mens zich aan houdt, die dus in het denken ingeboren zijn, en die filosoof heeft zich buitengewoon veel moeite gedaan om de wetmatigheden die in het denken ingeboren zijn in het bewustzijn te brengen. Dat was in de Griekse tijd, de filosoof was Aristoteles. Men heeft daarna nog vele pogingen gedaan om datgene wat hij ontdekt heeft te verfijnen of te verbeteren, maar er zijn een aantal grote filosofen geweest die gezegd hebben dat het werk van Aristoteles eigenlijk het toppunt is op dit gebied en niet verbeterd hoeft te worden.

Wanneer je denkt aan de natuurwetenschap, bijvoorbeeld de mechanica, dan is het zo dat in de natuur de mechanische wetmatigheden 'ingeboren' zijn, die werken daar. De mechanica heeft die processen blootgelegd. Op dezelfde wijze is de logica de wetenschap van het denken zelf. Van het weten zelf. En dat is een heel bijzonder gebied, want wanneer je over natuurwetenschap spreekt, betekent dat, dat je met het weten de natuur doorvorst en doorgrondt, maar de *logica* heeft als inhoud de *wetmatigheden* van het *weten zelf*. Dus het is het weten van de wetenschap van het weten. Je kunt je dan heel goed voorstellen dat het iets heel eigens is in de mens. De natuur is buiten ons, ook wel in ons, maar niet in ons op de manier dat je daar echt volledig zicht op hebt. De logica daarentegen is ons volstrekt eigen, zo eigen, dat je niet eens hoeft te weten dat je dit weten hebt en je er toch volledig juist gebruik van maakt. Dat is wat in dit kleine stukje tekst, waarin ik een groter stuk tekst van de filosoof Hegel in een paar zinnen samenvat, wordt uitgelegd. Je hebt dus de wetenschap van alles buiten het weten en je hebt de wetenschap van het weten zelf. En daarom stelt Hegel dat de logica de zuivere wetenschap is, het weten in haar meest zuivere vorm, omdat ze de leer is van de kunst van het weten zelf. En omdat het de kunst van het weten zelf is, en daar de bewustwording van, ligt die logica ten grondslag aan alle overige wetenschap. Niet dat er ooit een mens gekomen is, bijvoorbeeld Aristoteles, die gezegd heeft: Kijk eens hier, dit spreken we nu af en dat noemen we weten, maar wij als mensen hebben de vaardigheid om tot weten, tot wetenschap, te komen en die vaardigheid, wanneer die bewust wordt, bestaat uit een heel stelsel van voor ons vanzelfsprekende wetmatigheden en de bewustwording daarvan is de logica. De zuivere wetenschap omdat het niet een wetenschap van iets anders is, maar het is de wetenschap van het weten zelf. Daarom noemt Hegel dit weten de tot waarheid geworden zekerheid. Je kunt over de wetmatigheden in de natuur nog twijfelen, of datgene wat doorvorst en gevonden wordt wel de waarheid is. En hoe verder die wetenschap zich van de waarneembare feiten verwijdert, zoals bijvoorbeeld de virologie doet en ook de erfelijkheidsleer, die werken met gegevens die niet direct waarneembaar zijn, des te onzekerder wordt de wetenschap. De logica is nu het meest nabij, dichterbij kan niet. Het is het weten van het weten zelf. Het zijn de wetmatigheden die in het proces van het opdoen van kennis een rol spelen en die wetmatigheden zijn voor ons een absolute zekere waarheid. Zouden we daar niet op kunnen vertrouwen, dan zou er geen enkele wetenschap mogelijk zijn, want alle wetenschap functioneert langs deze wetmatigheden. En wanneer je de logica bestudeert, dan word je bewust van wetmatigheden die je daarvoor steeds al hebt gebruikt, maar waarvan je niet wist dat het wetmatigheden zijn waaraan je je houdt, hoewel je in discussies altijd zegt: 'Ja, maar dat is toch logisch'. Dat woord *logisch* duidt erop dat je meent dat je volgens de wetmatigheden van de logica geredeneerd hebt. Je kent die wetmatigheden. En de logica is de bewustwording daarvan, opgeschreven, zo volledig mogelijk weergegeven, welke wetmatigheden in het denken bij al het weten algemeen werkzaam zijn. Dat is een waarheid die voor ons een zekerheid is. Zouden we die zekerheid moeten betwijfelen, dan zou ons alle zekerheid ontvallen. Dat is de oefening voor deze week. Je zult misschien zeggen: 'Ja, maar je bent nog steeds alleen maar met het denken bezig'. Dat lijkt maar zo, het *is* een gevoelskwestie. Hier heb je te maken met wetmatigheden, die weliswaar gedacht worden, maar die tot waarheid geworden zekerheid is écht een gevoelskwestie. Dat is de jubel van het gevoel dat je iets vindt wat echt helemaal *waar* is en waar geen spoortje twijfel aanwezig kan zijn, omdat je niet alleen altijd volgens die wetmatigheden denkt, maar ook omdat je in het gevoel weet dat er geen twijfel over kan bestaan. Er is geen afstand tussen dat wat je als wetenschap van het weten hebt en het weten, de inhoud, zelf.

Zoals we ons de vorige week hebben verdiept in het bewijs van de stelling van Pythagoras en daar een wiskundige zekerheid hebben gevonden die we met het gevoel trachten bewust te worden, of waarvan we bewust trachten te worden dat het in het gevoel bevestigd wordt, zo hebben we deze week een stuk tekst dat we al eerder gebruikt hebben om zelfkennis op te doen over de gevoelens die in ons opstijgen, die eigenlijk met de tekst objectief gezien niets te maken hebben. Datzelfde stuk tekst nemen we nu om te leren gewaarworden hoe je iets wat in het denken gedacht wordt, door te beleven, zeker weet. Je denkt het niet alleen, je kijkt ook naar het 'ja' dat je uitroept, omdat je erkent dat dit inderdaad de tot waarheid geworden zekerheid is. Dat is een 'ja', dat in het gevoel opklinkt en dat willen we als gevoelsleven leren kennen. Alle subjectieve gevoelens kunnen we in de zelfkennis aan de hand van stukken tekst, nieuwsberichten, wetenschap, filosofie, gesprekken, noem maar op, leren kennen. Maar dat dieperliggende gevoel waar de objectieve erkenning of afwijzing leeft, dat is het gebied dat we trachten te vinden wanneer we zeggen: 'Leer Voelen!'

SCHEPPING EN EVOLUTIE

DE VIJFDE OEFENING

We zijn bezig met een bewustwording van het voelen. We hebben ontdekt dat er heel veel subjectieve sympathie en antipathie opstijgt wanneer we ons met inhoud bezighouden en we willen zover komen dat we zó zuiver kunnen voelen dat we in het gevoel een zintuig voor de waarheid hebben. Je zou het ook *beleven* kunnen noemen. Dat je datgene wat je opneemt zó weet te beleven dat je daardoor bemerkt of je in de richting van de waarheid of van de onwaarheid moet concluderen. Ik wil telkens weer herhalen dat er in een heel groot gebied van het leven geen twijfel over de waarheid bestaat. Daar zijn waarneming en denken voldoende om te weten of iets waar is of niet. Dat is met de meeste alledaagse indrukken het geval. Maar er is ook een heel groot gebied in het leven waar je graag zou willen weten of iets waar is of niet en waar je een verlangen hebt naar een zekerheid met betrekking tot de waarheid. Een zekerheid die te vergelijken is met de zekerheid van de stelling van Pythagoras en de zekerheid van de tot waarheid geworden zekerheid in de wetenschap van de logica.

Nu is het altijd zo dat, wanneer je iets wilt ontwikkelen, je elke keer een stapje verder gaat. De uitdagingen worden groter, de opgaven worden moeilijker. Voor de vijfde oefening heb ik twee teksten uitgekozen die aan de uiteinden van de opvattingen van de mensen staan, recht tegenover elkaar. Maar we gaan die opvattingen niet op die manier te lijf, we gaan niet vanuit het reeds bestaande geloof of de bestaande wetenschappelijke overtuiging deze teksten opnemen. We gaan proberen ze op te nemen alsof we van een andere planeet komen, niet op de hoogte van wat er hier allemaal aan meningsverschillen is en vol interesse in deze twee extreme standpunten. De opgave is dan om eerst de opstijgende subjectieve gevoelens te identificeren, ze vervolgens buiten beschouwing te laten, ze uit te zetten, en de tekst werkelijk naar de inhoud te beleven. Niet naar wat jij ervan vindt, niet zoals het op jou werkt omdat jij nu eenmaal jij bent met jouw kennis en jouw opvattingen, maar uitsluitend vanuit de tekst zelf. Ik vind muziek een zeer leerzaam gebied in het mensenleven, muziek is ook aan smaak onderhevig, je kunt niet zeggen dat iedereen van dezelfde muziek houdt, maar wanneer je muziek hebt zonder inhoud, zonder woorden, zonder denkbare betekenis - dus niet de negende symfonie van Beethoven, want die heeft wel een denkbare betekenis: 'Alle Menschen werden Brüder', ook geen opera of een oratorium, maar bijvoorbeeld een symfonie of een sonate, of een kwartet of een stuk dansmuziek - kom je tot het inzicht dat muziek jou iets te bieden heeft wat met waarheid niet te maken heeft. Wanneer je muziek hoort dan zegt die jou iets, maar heeft geen woordelijke betekenis. Zo zou je met het beleven, met het gevoel, meer moeten leren luisteren, ook wanneer er wel woordelijke betekenis is. Alsof je naar muziek luistert, niet naar de tonen of het ritme, maar naar datgene wat een tekst jou wil doen beleven.

Twee teksten. Het eerste is het eerste hoofdstuk van het meest gelezen boek ter wereld, de Bijbel, het Oude Testament, 'Genesis'. Lijnrecht daartegenover bied ik je een deel van het eerste hoofdstuk aan van Charles Darwins 'Het ontstaan van de soorten'. Je zult in de vorm al een heel groot onderscheid zien, 'Genesis' begint consequent met het niets dat tot een geschapen iets wordt. Darwin begint eigenlijk midden in het scheppingsproces, dat hij niet als een scheppingsproces ziet, maar als een evolutieproces, en brengt het allerbelangrijkste item naar voren. In feite gaan beide teksten over hetzelfde, maar er is geen groter onderscheid denkbaar, dan tussen deze twee teksten. En we gaan dus proberen om zowel de ene tekst als de andere tekst volledig 'schoon' op te nemen. Alles wat op wil stijgen uit de eigen persoon doen we weg en dan proberen we het gevoelsleven ertoe op te wekken te reageren op de tekst, want dat is eigenlijk wat er moet gebeuren. De tekst heeft een zekere werkzaamheid, maar daar moet je je toe bereid maken. En zolang je er zelf nog te veel tussen zit, komt de werkzaamheid niet tot stand. Pas wanneer je je persoon voor een moment hebt uitgeschakeld kan de tekst op zich werkzaam worden en in jou gevoelens, belevingen wekken die je niet zelf bent, die in jou ontstaan, en die jou aanwijzingen geven met betrekking tot de waarheid ervan. We gaan dus eerst inhoudelijk te werk. Persoonlijke gevoelens schakelen we uit, de werkzaamheid van de tekst schakelen we in. En we luisteren ernaar zoals we naar woordloze muziek luisteren. Een muziekstuk is een feitelijkheid, een stuk tekst is dat ook. Muziek werkt in je gemoed, een stuk tekst doet dat ook. Het is een moeilijke opgave, maar na de vier voorgaande oefeningen intensief te hebben gedaan, zou dit enigszins mogelijk moeten kunnen zijn.

Bijbel

De eerste tekst:

'In den beginne schiep God den hemel en de aarde.
De aarde nu was woest en ledig, en duisternis was op den afgrond; en de Geest Gods zweefde op de wateren.
En God zeide: Daar zij licht! en daar werd licht.
En God zag het licht, dat het goed was; en God maakte scheiding tussen het licht en tussen de duisternis.
En God noemde het licht dag, en de duisternis noemde Hij nacht. Toen was het avond geweest, en het was morgen geweest, de eerste dag.
En God zeide: Daar zij een uitspansel in het midden der wateren; en dat make scheiding tussen wateren en wateren!
En God maakte dat uitspansel, en maakte scheiding tussen de wateren, die onder het uitspansel zijn, en tussen de wateren, die boven het uitspansel zijn. En het was alzo.
En God noemde het uitspansel hemel. Toen was het avond geweest, en het was morgen geweest, de tweede dag.

En God zeide: Dat de wateren van onder den hemel in een plaats vergaderd worden, en dat het droge gezien worde! En het was alzo.
En God noemde het droge aarde, en de vergadering der wateren noemde Hij zeeën; en God zag, dat het goed was.
En God zeide: Dat de aarde uitschiete grasscheutjes, kruid zaadzaaiende, vruchtbaar geboomte, dragende vrucht naar zijn aard, welks zaad daarin zij op de aarde! En het was alzo.
En de aarde bracht voort grasscheutjes, kruid zaadzaaiende naar zijn aard, en vruchtdragend geboomte, welks zaad daarin was, naar zijn aard. En God zag, dat het goed was.
Toen was het avond geweest, en het was morgen geweest, de derde dag.

En God zeide: Dat er lichten zijn in het uitspansel des hemels,

om scheiding te maken tussen den dag en tussen den nacht; en dat zij zijn tot tekenen en tot gezette tijden, en tot dagen en jaren!
En dat zij zijn tot lichten in het uitspansel des hemels, om licht te geven op de aarde! En het was alzo.
God dan maakte die twee grote lichten; dat grote licht tot heerschappij des daags, en dat kleine licht tot heerschappij des nachts; ook de sterren.
En God stelde ze in het uitspansel des hemels, om licht te geven op de aarde.
En om te heersen op den dag, en in den nacht, en om scheiding te maken tussen het licht en tussen de duisternis. En God zag, dat het goed was.
Toen was het avond geweest, en het was morgen geweest, de vierde dag.

En God zeide: Dat de wateren overvloediglijk voortbrengen een gewemel van levende zielen; en het gevogelte vliege boven de aarde, in het uitspansel des hemels!
En God schiep de grote walvissen, en alle levende wemelende wezens, welke de wateren overvloediglijk voortbrachten, naar haar aard; en alle gevleugeld gevogelte naar zijn aard. En God zag, dat het goed was.
En God zegende ze, zeggende: Zijt vruchtbaar, en vermenigvuldigt, en vervult de wateren in de zeeën; en het gevogelte vermenigvuldige op de aarde!
Toen was het avond geweest, en het was morgen geweest, de vijfde dag.

En God zeide: De aarde brenge levende zielen voort, naar haar aard, vee, en kruipend, en wild gedierte der aarde, naar zijn aard! En het was alzo.
En God maakte het wild gedierte der aarde naar zijn aard, en het vee naar zijn aard, en al het kruipend gedierte des aardbo-

dems naar zijn aard. En God zag, dat het goed was.

En God zeide: Laat Ons mensen maken, naar Ons beeld, naar Onze gelijkenis; en dat zij heerschappij hebben over de vissen der zee, en over het gevogelte des hemels, en over het vee, en over de gehele aarde, en over al het kruipend gedierte, dat op de aarde kruipt.
En God schiep den mens naar Zijn beeld; naar het beeld van God schiep Hij hem; man en vrouw schiep Hij ze.
En God zegende hen, en God zeide tot hen: Weest vruchtbaar, en vermenigvuldigt, en vervult de aarde, en onderwerpt haar, en hebt heerschappij over de vissen der zee, en over het gevogelte des hemels, en over al het gedierte, dat op de aarde kruipt!

En God zeide: Ziet, Ik heb ulieden al het zaadzaaiende kruid gegeven, dat op de ganse aarde is, en alle geboomte, in hetwelk zaadzaaiende boomvrucht is; het zij u tot spijze!
Maar aan al het gedierte der aarde, en aan al het gevogelte des hemels, en aan al het kruipende gedierte op de aarde, waarin een levende ziel is, heb Ik al het groene kruid tot spijze gegeven. En het was alzo.
En God zag al wat Hij gemaakt had, en ziet, het was zeer goed. Toen was het avond geweest, en het was morgen geweest, de zesde dag.'

De tweede tekst:

'Wanneer wij kijken naar individuen van een bepaalde variëteit of sub-variëteit van onze van oudsher gecultiveerde planten of dieren, dan is een van de eerste bijzonderheden die ons opvallen, dat zij over het algemeen veel sterker van elkaar verschillen dan individuen van om het even welke soort of variëteit in de vrije natuur. Wanneer wij nadenken over de grote diversiteit aan planten en dieren die gekweekt zijn, en die in de loop van de tijd variaties hebben vertoond onder de meest uiteenlopende klimaten en behandelingen, dan denk ik dat wij wel moeten concluderen dat die grote verschillen simpelweg te danken zijn aan het feit dat onze gedomesticeerde producten opgekweekt zijn onder omstandigheden die minder uniform waren dan, en enigszins verschilden van die waarnaar hun ouder-soorten in de vrije natuur blootgesteld waren. Ik denk ook dat de hypothese van Andrew Knight, dat deze verschillen gedeeltelijk te danken zijn aan een overvloed aan voedsel, best waarschijnlijk is. Het lijkt vrij duidelijk dat organische wezens gedurende verscheidene generaties aan de nieuwe levensomstandigheden onderworpen moeten zijn, alvorens enigszins waarneembare veranderingen te vertonen, ze over het algemeen gedurende verscheidene generaties doorgaat met variëren. Er is geen enkel geval bekend van een veranderlijk wezen dat onder domesticatie ophield veranderlijk te zijn. Onze oudste gecultiveerde planten, zoals tarwe, brengen nog steeds dikwijls nieuwe variaties voort; onze oudste gedomesticeerde dieren zijn nog altijd vatbaar voor snelle verbetering of modificatie.' [2]

Charles Darwin, 1809-1882.

2 Charles Darwin, *Over het ontstaan van de soorten*, Uitgeverij Nieuwezijds

HET BELEVEN VAN DE VORM

DE ZESDE OEFENING

De volgende oefening heeft opnieuw betrekking op deze twee stukken tekst. In de vorige oefening hebben we een poging gedaan om ons gevoel te laten wekken door de inhoud van de tekst. Nu willen we een stap zetten die veel moeilijker is, we willen nu proberen ons gevoel te laten spreken naar aanleiding van *de vorm van de tekst*. We moeten daarbij natuurlijk bedenken dat het Oude Testament een soort oerboek is, terwijl het boek van Darwin stamt uit de 19e eeuw. Ook kun je niet zeggen dat het Oude Testament door die of die schrijver geschreven is, terwijl dat bij 'Het ontstaan van de soorten' welomschreven Charles Darwin is. Dat zijn al twee geheel verschillende *vormprincipes*. Vervolgens zien we dat het begin van het Oude Testament het begin is: 'In het begin schiep God hemel en aarde'. Wat er daarvoor was, wordt niet gezegd, maar uit de inhoud van de eerste zin blijkt dat voor dit begin hemel en aarde niet bestonden. Het boek begint dus met het oer-begin van de schepping. En er wordt dan in korte zinnen aangegeven hoe God de ons bekende wereld geschapen heeft, in welke volgorde en naar welke principes, en in zekere zin wordt ook iets aangegeven over het tijdsbestek. Na deze uiteenzetting over de schepping, wordt de bijbel in zekere zin een geschiedenisboek in samenhang met God. Wanneer je niet religieus beleeft in het leven, dan heb je het er moeilijk mee om het objectief in jouw gevoel te laten werken, want jouw gevoel roept onmiddellijk 'Nee!'. Maar dat willen we hier nu niet. We willen ook niet dat het gevoel onmiddellijk 'Ja!' roept, omdat je een gelovig mens bent. Dat komt allemaal veel later aan de orde. We zijn nu in de fase van onderzoek en ontwikkeling en we hebben het begin van het Oude Testament voor ons en we trachten een gevoel te krijgen voor de vorm van deze vertelling. We zien dat de vertelling in de tijd na elkaar verloopt en dat het hoofdstuk 'Genesis' begint met een aantal grote uitspraken die beeldrijk zijn en waarop vervolgens het vervolg van Het Boek rust. Het lijkt alsof je een symfonie hoort die met het machtige slot begint. Maar het is geen slot, het is heel duidelijk een opening. Muzikaal gezien zou je dit nooit een ouverture noemen, want het is een verhaal over de machtige wording van hemel, aarde, natuurrijken en de mens. Zo eindigt een symfonie, met slotakkoorden. Het Oude Testament begint zo. Ik geef hiermee een voorbeeld voor hoe je je gevoel kunt wakker maken voor de vorm van dit begin van Het Boek waarvan iedereen weet dat het bestaat.

Gaan we nu naar het eerste hoofdstuk van Darwin, dan zien we dat hij gezocht heeft naar het belangrijkste raadsel in de reeds bestaande schepping, namelijk het *ontstaan van de soorten* en de ontwikkeling daarvan. Hij springt als het ware met zijn woorden midden in het gebeuren, kijkt om zich heen, kiest daaruit wat hij het meest wezenlijke element in de evolutie vindt, en begint met dat te bespreken. Je hebt de indruk dat hij zo veel te vertellen heeft, dat hij niet anders kan dan in de te vertellen materie te plonzen en eenvoudigweg te beginnen met schrijven. Gaandeweg ontwikkelt zich een bepaalde structuur en om die structuur te laten zien zal ik een overzicht geven van de inhoudsopgave van het hele boek, zodat je kunt zien wat er allemaal aan de orde komt na die eerste regels die we inhoudelijk hebben opgenomen om onze gevoelens aan te wekken.

'Variatie onder Domesticatie; Variatie in de Natuur; Strijd om het Bestaan; Natuurlijke Selectie; Wetten van Variatie; Moeilijkheden met de Theorie; Instinct; Hybriditeit; Over de onvolmaaktheid van het geologisch archief; Over de geologische opeenvolging van organische wezens; Geografische spreiding; Geografische spreiding – vervolg; Wederzijdse Affiniteiten tussen Organische Wezens: Morfologie, Embryologie, Rudimentaire Organen; Recapitulatie en Conclusie'

Neem de moeite om de verschillende thema's echt te beleven.

Terwijl het Oude Testament een religieus geschiedenisboek is, is het boek van Darwin een natuurwetenschappelijke poging om het raadsel van de evolutie, van de ontwikkeling van de soorten, op te lossen. En terwijl het Oude Testament begint met God, die als het ware de schepping is en deze uit zich voortbrengt, is er in het werk van Darwin sprake van een in de natuur zelf wonend soortprincipe dat in ontwikkeling is, uit zichzelf, en vanuit de factoren in de omgeving. Van een oerscheppingsgedachte die daaraan ten grondslag ligt en daarin verder werkt, is bij Darwin geen sprake, en wanneer we naar de moderne natuurwetenschap kijken, bijvoorbeeld naar de biologie en de medische wetenschap, dan zien we dat die de darwinistische geest in zich draagt, hoewel je, wanneer je de vorm beleeft waarin Darwin schrijft, toch een gevoel krijgt dat je met een mens te maken hebt die diep en uitvoerig over de raadsels heeft nagedacht, terwijl de navolgers - zoals dat meestal gaat - de dingen die hij gebracht heeft dogmatiseren en daar zonder beleving, zonder verdere vragen, mee aan de haal gaan.

Dit wat ik hier heb opgeschreven zijn gevoelens die in gedachtevormen gekleed zijn, die kunnen worden gewekt door je de vraag te stellen naar het verschil in vorm van 'Genesis' en het eerste hoofdstuk van 'Het ontstaan van de soorten'.

LUISTEREN EN KIJKEN

DE ZEVENDE OEFENING

Nu maken we de overgang naar een gebied dat veel moeilijker is om objectief te voelen dan tekst. Tekst bleek al heel moeilijk te zijn, maar wanneer je in het omgaan met andere mensen helemaal eerlijk zou willen zijn, dan zou je objectief moeten voelen en het is onmiddellijk duidelijk dat bijna niemand dat kan. Je zit altijd met een overmacht van gevoelens die in je opkomen, waarvan je de oorsprong en de oorzaak meestal helemaal niet kent, die lijken te komen uit een diepte, waarin je bewustzijn niet kan doordringen. Zoals je niet in staat bent om het weer te beïnvloeden, zo lijkt dit gevoelsleven, dat opwelt in het contact met andere mensen, ook een weersgesteldheid te zijn waartegenover je machteloos bent.

Maar we hebben aan de hand van tekst en wiskunde een korte vooropleiding gehad met betrekking tot het objectieve voelen. We hebben enigszins geleerd om onze subjectieve gevoelens te herkennen en ze zo goed als mogelijk het zwijgen op te leggen, opdat de feiten in ons de gevoelens kunnen opwekken die bij die feiten horen. Dan wordt immers het gevoel een zintuig voor wat waar is. Wanneer je met andere mensen omgaat, dan gaat het niet zozeer om wat waar is. Hoewel je daar wel in terecht kunt komen, in die vraag 'is het wel waar wat de ander zegt?' gaat het bereik van gevoelens in de omgang veel verder dan het zuivere gebied van de waarheid.

We kunnen ook hier maar het beste ons voornemen een oefening te doen, een reeks van oefeningen, in de hoop dat we daardoor tot zelfkennis komen met betrekking tot onze gevoelens en zelfs tot een beheersing van het subjectieve gevoel, waardoor waarachtige gevoelens kunnen ontstaan.

De eerste stap die we daarin gaan zetten is: het betreden van een gebied dat nog niet zo heel moeilijk is, omdat het niet verweven is met ons lot. We gaan in eerste instantie kijken naar wat iemand zegt in een interview, een presentatie of bij een persconferentie, kies maar iets uit. We kijken daarnaar op televisie, YouTube, op andere videokanalen. We staan er zelf buiten, we nemen geen deel aan een gesprek, maar er is wel iemand aan het spreken. We hebben een hele opgave om met het gevoel de juiste positie in te nemen.

Allereerst proberen we te kijken, te luisteren en in onszelf waar te nemen wat spontaan aan gevoelens opwelt. Die kunnen naar aanleiding van de inhoud opwellen, maar ze kunnen ook heel goed naar aanleiding van de persoon die spreekt opwellen. En daarmee komen we direct in het onderscheid tussen inhoud en vorm, ook hier. We kijken eerst naar wat de inhoud aan gevoelens opwekt in ons, vervolgens kijken we naar hoe iemand zich presenteert en spreekt en we kijken naar wat dát voor gevoelens in ons opwekt. We zijn geen deelnemer aan het gesprek, we hebben geen verantwoordelijkheid ten opzichte van wat wij teweegbrengen, we kunnen ons rustig overgeven aan de werking van de spreker.

Je zult zien dat dit weer iets heel anders is dan het lezen van een krantenartikel. Hier speelt de werking van de spreker een heel grote rol. Ik heb in het verleden heel veel gesprekken met Toon Hermans gevoerd en op een gegeven moment vroeg hij aan mij hoe ik dat deed in het spreekuur. Of ik echt luisterde naar de mensen. Nu is dat iets wat ik altijd heel belangrijk heb gevonden, om als iemand op het spreekuur komt, ook te horen wat diegene zegt. Dus ik zei: 'Ja, ik luister zeker naar mensen.' En toen kreeg ik van hem de les dat ik dat eigenlijk niet moest doen, omdat mensen toch nooit de waarheid spreken, dat het veel onthullender is wanneer je naar mensen *kijkt.* Dat is natuurlijk ook een belangrijk onderdeel van een consult, dat je kijkt. En meestal heb je daarvoor een soort programma, waarnaar je precies kijkt. Maar dat was niet wat hij bedoelde, hij bedoelde in het echte gesprek, met de patiënt, moet je niet zozeer luisteren, maar vooral kijken. Dan zie je wat die persoon eigenlijk zeggen wil. Er zijn mensen die dat van nature als aanleg hebben, dat ze heel sterk waarnemen hoe iemand zich presenteert. Anderen hebben meer de aanleg om goed te luisteren. Het beste is wanneer je het allebei kunt en dát is de opgave voor deze week: luisteren en kijken en noteren wat er aan gevoelens in je opkomt.

Het is niet de bedoeling om daarbij de spreker tot een te ontleden object te maken, we moeten dit met respect en eerbied voor de spreker doen. Het is niet de bedoeling dat we hem of haar volkomen afkraken omdat het ons niet zint wat we zien en horen, we proberen zo eerlijk mogelijk te kijken en te luisteren, maar dat zal niet betekenen dat er niet toch allerlei persoonlijke gevoelens opstijgen. Die willen we leren kennen. En we leren ze makkelijker kennen wanneer we een spreker zien en horen die geen last heeft van onze aanwezigheid.

DE WAARDE VAN DE MENS

DE ACHTSTE OEFENING

In het sociale contact speelt het gevoelsleven van nature een heel grote rol. Het hangt samen met hoe de weersgesteldheid van je gemoed is, of je meer kritisch ingesteld bent of meer toegeeflijk. Nu is de liefde de allerbelangrijkste kracht en macht in het sociale contact. En wanneer je een sociaal contact als oefenmateriaal gaat gebruiken, dan zou dat heel goed een zonde tegen de liefde kunnen zijn. Wanneer je een oefening doet zoals de laatste, speelt dat geen rol omdat je geen deelnemer bent aan het sociale contact. Toch moeten we, om ons gevoelsleven op de juiste wijze in de hand te krijgen en op de juiste wijze in vuur en vlam te zetten, gaan letten op de gevoelens die gedachten worden in het sociale contact. Nogmaals: het speelt een grote rol wat voor mens je bent, maar ik geloof wel te mogen zeggen dat niemand, behalve mogelijkerwijs een heilige, erin slaagt om tijdens het sociale contact in het subjectieve gevoelsleven volledig te zwijgen.

De vraag is dan: Wat gaan we precies onderzoeken? En hoe kunnen we dat dan doen? In het omgaan met mensen speelt de waarheid een heel andere rol dan in het proces van het kennen, het begrijpen, het doorschouwen van dingen. Als het goed is ga je niet met je medemens om, omdat je die volledig wilt doorschouwen, maar je gaat om met je medemens vanwege de uitwisseling en vanwege de heen en weer werkzame liefdesimpuls. Met liefde bedoel ik dan niet de erotische, seksuele liefde, maar de warmte en de belangstelling voor iets anders dan jezelf, namelijk voor de ander. Die warmte en belangstelling kun je ook heel goed hebben wanneer er geen sprake is van waarheid.

De waarheid neemt in het sociale contact een andere gestalte aan en wordt tot *waarachtigheid*. Wat betekent dat? Dat betekent dat de liefde er om vraagt dat je in het contact met je medemens oprecht bént wie je bent. Dat je niet een rol speelt, dat je niet probeert je anders voor te doen dan je bent, maar dat je de moed hebt om echt te zijn wie je bent. Dan pas krijgt liefde een kans. Daarvóór wordt ze in de kiem gesmoord. En wanneer je zegt 'Leer Voelen!', dan betekent dat toch ook dat je de liefde wilt leren. En wanneer je die leert, dan kan het je eigenlijk niet meer overkomen dat je gedachteloos over iemand heen loopt of diens belangen niet respecteert, dat je je eigen vleugels zodanig uitbreidt dat die ander geen kans meer heeft, of dat je wegkruipt, omdat je angst hebt voor de vleugels van de ander. Dat kan, wanneer de liefde eenmaal op het toneel verschijnt, niet meer gebeuren. En de liefde hangt direct samen met waarachtigheid.

Dan is er nog een andere kwaliteit die in het sociale contact van belang is en dat is dat je het vermogen hebt om de dingen op waarde te schatten. Daarvoor bestaat in het sociale contact een grondwetmatigheid, die luidt dat de waarde van alle mensen gelijk is. Wanneer je spreekt over talent, over aanleg, over vaardigheid, over intelligentie, over geleerdheid, over kunstvaardigheid, dan kun je niet spreken over 'gelijk' tussen mensen, daarin is de verscheidenheid enorm. Maar de *waarde* van de mens wordt daardoor niet bepaald. En wanneer we willen leren voelen, dan zouden we een denk- en gevoelsoefening moeten maken van de kern van de zaak, namelijk dat alle mensen *gelijkwaardig* zijn. Dan hoef je niet met ingewikkelde principes te komen van een verbod op discriminatie, een eis dat er geen verschil wordt gemaakt tussen voorkeur voor geslacht, dan vallen die verschillen in één slag weg, want wanneer alle mensen gelijkwaardig zijn, wanneer ze een waarde hebben die absoluut gelijk is, dan kom je in een heel andere intermenselijke verhouding terecht. Ik wil als achtste oefening een verdieping geven van het gevoel dat de waarde van alle mensen gelijk is. Of je nu met een leugenaar te maken hebt of met een waarheidsstrijder, of je te maken hebt met een rechtse politicus of een linkse, dat alles speelt bij de waarde van de mens geen rol. Ik hoor je protesteren, er zijn nogal wat voorbeelden in de geschiedenis van mensen die je met een zeker recht waardeloos zou kunnen noemen, maar dat is niet wat ik bedoel. Het betekent niet dat je de slechtheid van een mens niet onder ogen zou mogen zien en niet zou mogen verwerpen. Maar daarmee mag je *de mens* niet verwerpen, en moet je die blijven zien als een gelijkwaardig onderdeel van de samenleving waarvan jij ook deel uitmaakt.

Dat is het thema voor de overweging van deze week. We nemen geen concrete situatie deze keer, maar een oer-idee, namelijk de *waarde van de mens*. Denk daar eens over na en probeer te vatten wat ik bedoel met *gelijkwaardigheid*. Misschien dat je in het verloop van die overdenkingen begint te beleven dat je in feite als mens helemaal niet kunt liefhebben, wanneer je dit principe niet omarmt. En je kunt later, wanneer je meer kritisch je opstelt tegenover bepaalde leidende personen in de politiek, ervaren dat het heel goed kan samengaan dat je de waarde overeind laat, terwijl je toch bepaalde dingen afwijst. Misschien zelfs moet verwerpen. Maar wanneer we daarmee zouden beginnen en we zouden niet doordringend hebben bedacht en gevoeld dat de waarde van *ieder* mens gelijk is, dan konden we beter nu stoppen met onze oefeningen, want dan ga je een weg op die liefdeloos is.

Nu vraagt het sociale contact zoveel van ons, dat we zullen merken dat we niet in staat zijn om tijdens een ontmoeting tegelijkertijd ook op onze gevoelens te letten en die zelfs te beheersen. Dat kun je later wel, maar in het begin zeer zeker niet en ook als je een bepaalde vaardigheid ontwikkeld hebt om je gevoel in beheersing te krijgen, dan is het zo dat je altijd zult merken hoeveel ruimte een ontmoeting in je gemoed in beslag neemt, waardoor je meegenomen wordt in wat er gebeurt. Dat is ook het mooie van een ontmoeting, dat je er niet naast gaat staan om jezelf te beschouwen, jezelf en de ander, maar dat je erin opgaat. Dat is ook een houding van waarachtigheid. Wanneer je te maken zou hebben met mensen die zich menen te ontwikkelen doordat ze naast zichzelf staan en niet meer spontaan deelnemen aan het moment zelf, dan zou je beleven hoe liefdeloos dat is. *Liefde* vraagt een totale overgave en dat moet gebeuren met *verlies van jezelf.* Dat kan niet anders en dat betekent dat je in feite niet moet letten op jezelf. Maar wat je wel kunt doen is na afloop, wanneer alles achter de rug is en je tot rust gekomen bent, vanuit de herinnering en vanuit datgene wat er in je gemoed nog actueel speelt vanuit die gebeurtenis, een poging doen om je gevoelens onder de loep te nemen. Ook hier zal het zo zijn dat je meer zicht hebt op bepaalde gedachten die je gehad hebt, dan dat je heel concreet weet wat je gevoeld hebt, maar toch moeten we daar naartoe. Uiteindelijk mag je wel zeggen dat de opdracht van het leren beleven van je gevoelens is, dat je aan de ene kant een *gelijkmoedigheid* ontwikkelt, waardoor het mogelijk wordt dat door die evenwichtige toestand heen de objectieve gevoelens kunnen opkomen. Ze komen altijd wel op, maar je bemerkt ze niet. Dus enerzijds gelijkmoedigheid, maar anderzijds betekent het beleven van je gevoelens dat je actief op zoek gaat naar positieve gevoelens. De negatieve gevoelens komen nog makkelijker spontaan op dan de positieve gevoelens. Die laatste moet je veel vaker echt gaan zoeken. Maar het gevoelsleven gedijt door de positiviteit. Dus we zoeken een diepe gelijkmoedigheid, gepaard met het zoeken naar alles wat positief is.

Dat is uiteindelijk wat we mogen verwachten van een leren beleven van het voelen. Daarvoor heb je de gelijkmoedigheid nodig, omdat die jou naast een grotere helderheid met betrekking tot het objectieve gevoel ook een mogelijkheid brengt om je meer en meer in een situatie aan het andere over te geven, terwijl alle gedachten en eigen gevoelens zwijgen. Dat heet onbevangenheid. Je hoeft maar naar kinderen te kijken en je weet wat het is. En er is niets zo pijnlijk als te zien hoe volwassenen zich bijvoorbeeld kunnen schamen voor de onbevangenheid van hun kind. We kunnen aan het kind een voorbeeld nemen en we zullen in de komende oefeningen geleidelijk aan proberen de *gelijkmoedigheid*, de *positiviteit* en de *onbevangenheid* in het gevoelsleven te wekken.

We hebben een eerste stap op weg naar de positiviteit gezet doordat we hebben beseft dat er gelijkwaardigheid onder de mensen heerst. Wanneer dat heel sterk in je kan worden, als een soort fundament voor al het overige gevoel in het sociale contact, dan zul je zien dat er in je leven wonderen gebeuren. Dat wat zo vervelend is in het omgaan met andere mensen en waar je het liefst de ander de schuld van geeft, je zult zien dat het een andere gestalte aanneemt.

Het is altijd zo dat wanneer er een gebeurtenis plaatsvindt, de loop van de gebeurtenis bepaald wordt door de details en de werkende kracht die de details tevoorschijn brengt. Dat is in een ontmoeting altijd het geval en hoe meer je met iemand hebt, des te heftiger kan het verloop ook zijn. Positief en negatief. Wanneer je je hebt doordrongen met het besef van de gelijkwaardigheid, dan zul je in die drijvende kracht van de gebeurtenis een element binnendragen wat er eerst niet was. En dat zal gevoeld worden door iedere deelnemer. Meestal niet gevoeld in de zin van dat die persoon ook kan zeggen 'ik voel nu dat ik gewaardeerd word', maar de werking van de waardering is er zonder enige twijfel en zonder enige uitzondering. Dat betekent niet dat we opeens in een hemel op aarde terechtkomen. Het sociale contact blijft een spannende uitdaging en het feit dat jij in je hart de waardering voor alle mensen draagt, zal de zon doen opgaan. Maar er blijven wolken genoeg, ook in jezelf.

In deze week gaan we proberen om iedere dag een rustig moment op te zoeken aan het einde van de dag, dat hoeft niet 's avonds te zijn, het kan ook in de middag zijn, om dan een van de ontmoetingen van die dag in de herinnering te roepen. Daarop kijken we zo open mogelijk terug en proberen, in eerste instantie, vast te stellen wat de nawerking van die ontmoeting in jouw gemoed is. Hoe voel je je na die ontmoeting en wat voor gevoelens heersen er in jou? En dan laat je de gebeurtenissen in die ontmoeting de revue passeren en je probeert in de herinnering terug te vinden wat je als reactie op het gebeuren hebt gedacht en gevoeld. In hoeverre heb je dat uit zelfzucht gedaan? Waren er ook momenten dat je je echt kon overgeven aan wat de ander op dat moment wilde uitdragen? Ook al gaat het over het kopen van een nieuw paar schoenen, het hoeft geen diepzinnige inhoud te zijn, het gaat erom: is je gemoed en zijn je gevoelens open genoeg geweest om interesse op te brengen voor de gevoelens van de ander? Is er iets van de gevoelens van die andere persoon overgekomen in jouw gevoelsleven? En hoe heb je tenslotte de gelijkwaardigheid overeind gehouden? Is het je gelukt om in die ontmoeting voortdurend het fundamentele bewustzijn te hebben, dat wat de ander ook zegt of doet, hoe hij zijn leven ook invult, de waarde van die mens vaststaat? In de staat van mens-zijn heeft ieder mens een waarde. Dat is de slotvraag, die je je stelt, in hoeverre heb je die oefening van vorige week kunnen doordragen in de ontmoetingen van vandaag en morgen enzovoort.

GELIJKMOEDIGHEID

DE NEGENDE OEFENING

Je zult ontdekken dat het *waar* is waar ik het vorige hoofdstuk mee begon, en wel dat je in het sociale contact wordt meegenomen en dat er een groot tumult van emoties plaatsvindt. Daarin moeten we leren onze weg te vinden, zodat we rustig en gelaten de ander in zijn of haar waarde kunnen laten, maar ook onze eigen waarde kunnen behoeden.

Dat wordt de negende oefening. In deze oefening gaan we dagelijks proberen *stand te houden* in de storm van gevoelens in het sociale contact. We nemen ons niet voor om het de hele dag te proberen, maar we nemen ons voor om in een uitgekozen ontmoeting te trachten van het begin tot het eind volkomen gelaten, gelijkmoedig, rustig te blijven, wat er ook gebeurt. Je moet je leren voelen als een mens die in staat is om een storm te doen gaan liggen. Om een wilde woeste golvende zee om te vormen tot een kalm, kabbelend water. Om je heen kunnen de golven hoog opslaan, maar in jou gebeurt dat niet. Je blijft volkomen rustig in het midden tussen alle mogelijke emoties.

Dat neem je je voor en je kijkt aan het eind van de dag in hoeverre je er ook in geslaagd bent. De eerste moeilijkheid ligt al in de *vergeetachtigheid* waarmee we begaafd zijn, waardoor je je zoiets wel kunt voornemen, maar waarbij vaak blijkt dat wanneer de gebeurtenis voorbij is, je er niet aan hebt gedacht. Dan moet je maar een volgende gelegenheid op die dag opzoeken om alsnog die *gelijkmoedigheid* te beoefenen en het kan best zijn dat vervolgens de andere ontmoetingen die dag heftiger verlopen dan anders, dat kan een terugslag zijn van de gelukte gelijkmoedigheid. Daar moet je allemaal rekening mee houden en je niet door uit het veld laten slaan.

Deze weg van het leren voelen is niets voor mensen die ervan houden om in de sensatie en de opwinding te leven, ook niet voor mensen die houden van negatieve gevoelens - want die mensen bestaan. Deze weg is geschikt voor mensen die zoeken naar de *waarheid*, de *schoonheid* en het *goede* in het bestaan en die er behoefte aan hebben om tenslotte een gemeenschap van mensen te vormen, verspreid over de hele aarde, die werkelijk op weg zijn naar die drie grote idealen. Je mag ze ook anders noemen, je kunt ook zeggen de *vrijheid*, de *gelijkheid* en de *broederlijkheid*. Daar moet je bij de aanvang van deze weg toch wel al van houden. Maar mijn overtuiging is, dat in wezen alle mensen daarnaar op zoek zijn. En wanneer het lijkt dat ze het negatieve liefhebben, of dat ze de storm liever hebben dan de vrede, dan komt dat doordat de kern van hun mensenwezen te zeer bedolven ligt onder allerlei last waarmee een mens op aarde rond kan lopen. En wanneer we naar elkaar kijken, dan moeten we altijd toch ook beseffen dat het heel verschillend is, wat voor achtergrond de mensen hebben in dit leven. Ik spreek dan niet over mogelijk karma, ik spreek over een ontwikkeling die in dit leven ligt en die natuurlijk even verschillend is als er mensen zijn.

Maar vooralsnog gaat het erom dat je voor jezelf kunt besluiten dat je diepste verlangen ligt in het zoeken van de waarheid, de schoonheid en het goede. In alle drie de idealen leeft de liefde. Deze week willen we ons gemoed zodanig toebereiden dat het mogelijk wordt om volledig stil te worden in het gevoel, opdat datgene wat we 'objectief gevoel' hebben genoemd de kans krijgt om te ontkiemen en te groeien en te bloeien.

DE GEBREKEN

DE TIENDE OEFENING

Als moderne mensen zijn we de blik op onze zondigheid geheel en al kwijt. We hebben voor het merendeel de geloofswaarden afgelegd en we menen halfbewust dat we eigenlijk toch wel de meest perfecte van alle aardeburgers zijn en kunnen dus ook niet tegen kritiek. Dat is één kant van de zaak. Maar de andere kant is, dat er in ieder mens een waarheidsbesef leeft, ook ten aanzien van zichzelf en dat je heus wel weet dat je niet perfect bent en dat je daar wel naar zou willen streven.

Dante Alighieri, 1265-1321

Met dit boekje over het leren voelen draag ik een steentje bij aan die ontwikkeling. En zoals ik in het boekje 'Leer Denken!' steun heb gezocht bij grote denkers, zoek ik nu steun bij 'grote voelers'. Dat zijn over het algemeen meer de religieuze geschriften, zoals de Bhagavad Gita, waarin die prachtige woorden staan over wat er met de ziel gebeurt wanneer zij zich moet kluisteren in een lichaam. En zo is er in een veel latere tijd, namelijk in de middeleeuwen, een geschrift dat buitengewoon lezenswaard is wanneer je wilt leren voelen en dat is de 'Goddelijke Komedie' van Dante.

Daarin wordt een hoofdpersoon beschreven die de gelegenheid krijgt om een reis te maken door het rijk na de dood, zonder gestorven te zijn. Die reis gaat door de hel, door het vagevuur, naar de hemelse roos. Wanneer je als mens algemene zelfkennis wilt opdoen, dan kun je van zo'n geschrift werkelijk genieten.

Dante komt dan met een *zondenleer*. We moeten ons voorstellen dat we te maken hebben met een Italiaanse schrijver uit de tijd dat het katholicisme in Europa de enige godsdienst was en dat deze zondenleer dus niet anders kan hebben dan een katholieke uitdrukkingswijze. Maar we hebben inmiddels geleerd om ons daar niet aan te storen, de gevoelens die dat oproept buiten beschouwing te laten en ons uitsluitend met inhoud en vorm bezig te houden. En wanneer we zelfkennis willen opdoen met betrekking tot ons gevoelsleven, zodat we tot een zuiver voelen kunnen komen, dan is het heel belangrijk dat we de afwijkingen die in het gevoelsleven altijd van egoïstische aard zijn, grondig in onszelf leren kennen, opdat we ze in het leven, in de levensgebeurtenissen, ook kunnen herkennen. Voordat we onze oefeningen in het leven dus voortzetten, trekken we ons daar een week uit terug, om ons te verdiepen in de afwijkingen van het gevoelsleven.

In het vagevuur, in de 'Goddelijke Komedie' van Dante, worden deze afwijkingen van het gevoelsleven zeer plastisch voorgesteld in de vorm van bepaalde straffen die de ziel na de dood moet ondergaan om zich te louteren. Dat vagevuur is de *purificatio*, de *louteringsberg* die beklommen moet worden.

Ik zal een korte samenvatting geven van die zondenleer uit de middeleeuwen en we willen ons daarin de komende week verdiepen en de zonden niet zoeken bij anderen, maar uitsluitend en alleen bij onszelf.

Een citaat uit de 'Goddelijke Komedie':

'Noch de Schepper, noch de schepping zijn ooit zonder liefde geweest. Hetzij natuurlijke, hetzij geestelijke liefde. De natuurlijke liefde vergist zich nooit. De geestelijke echter, kan zich op drie manieren vergissen. Doordat ze zich op het boze richt, of dat ze te veel of te weinig kracht ontvouwt. Zolang ze zich op het hoogste goede richt en in de aardse goederen de juiste maat houdt kan ze nooit oorzaak van een zondig genot zijn. Maar wanneer ze zich tot het boze wendt, of met meer of minder ijver dan juist is het goede zoekt, zondigt het schepsel omdat het zich tegen zijn Schepper wendt. Hieruit blijkt, dat de liefde noodzakelijkerwijs het zaad van elke deugd, maar ook van elke zonde is.'

En:

'De mens kan zichzelf niet haten, voor zover hij degene is die de liefde uitstraalt. Daarom kan hij het boze in zichzelf niet liefhebben, maar alleen maar in de medemens. En daar zijn drie afdwalingen mogelijk. Ten eerste kan het zijn dat de mens zich voortreffelijk wil maken door een vernederen van de naasten. Zulke mensen verlangen naar de val van de medemens en deze zonde wordt *superbia* genoemd (trots). Ten tweede zijn er mensen die niet kunnen verdragen dat het zijn naaste goed gaat. Ze zijn bang voor de verhoging van de macht van de ander, en willen het tegendeel. Dat is *invidia*, de afgunst. Ten

derde bestaan er de wraakzuchtigen, die zo sterk beledigd zijn door een doorgemaakt onrecht dat ze de naasten met geweld kwaad willen doen. Deze zonde is de *ira*, de toorn.
Dan bestaat er de zonde die berust op een gebrek aan liefde. Die zonde wordt *acedia* genoemd, de traagheid. Ook wel de lauwheid. Deze zonde werd in de loop van de eeuwen steeds meer als de hoofdzonde aangezien waaruit alle andere zonden voortkomen.
Dan bestaat er een te grote liefde voor het aardse genot, en die leidt naar drie verdere zonden. Deze liefde leidt niet naar de eeuwige zaligheid, ook niet naar het hoogste goed dat vrucht en wortel van al het goede is, het zijn de drie zonden die berusten op wensen, namelijk *avaritia*, hebzucht, *gula*, vraatzucht en *luxuria*, wellust.'

In deze zeven hoofdzonden die nu genoemd zijn gaan we ons verdiepen. We gaan ons er zo in verdiepen dat we ons afvragen in hoeverre die gevoelens meespelen in de beoordeling van alles waar we mee te maken hebben. Vooral wanneer het om de medemens gaat. Die afwijkingen van het gevoelsleven zouden moeten worden overwonnen, in elk geval tijdelijk terzijde moeten kunnen worden geschoven, wanneer we het echte voelen leren kennen. Anders blijven we altijd steken in onze gevoelens van *trots*, *afgunst*, *kwaadheid*, onze neiging tot *luiheid*, *hebzucht*, de *lust* naar lichamelijk behagen, uiteenvallend in *vraatzucht* en *wellust*. Sommige mensen zoeken een hemel op aarde en vinden meestal eerder de aarde een hel. Maar dat heeft werkelijk te maken met het feit dat je je gevoelens niet in de hand hebt, en je hebt ze niet in de hand, omdat je ze niet kent.
Dit is de week van de zelfkennis, *zeven hoofdzonden* volgens Dante.
En we kunnen het nog eens vergelijken met de drie groepen *gunas*, die beschreven worden in de 'Bhagavad Gita'.

ZOEK HET GELUK

DE ELFDE OEFENING

Het is duidelijk dat we in dit kleine bestek alleen maar een uitsnede uit het totale gevoelsleven kunnen maken. De ontwikkeling en opvoeding van het gevoelsleven is iets voor een heel mensenleven en misschien wel voor meerdere.

De ontwikkeling van het denken ligt in het volle daglicht, het gevoel ligt in de schemering. In het avondrood en in de zonsopgang. Daar moet je het zien bewust te worden en bovendien heeft het een niet te beschrijven rijkdom zowel in het negatieve als ook in het positieve. Wanneer je uitroept 'Leer Voelen!' dan bedoel je daarmee dat je je gevoelsleven wilt versterken, bewuster wilt maken en wilt objectiveren, zodat het een *zintuig voor de waarheid*, voor het schone en voor het goede wordt. Die mogelijkheid ligt in het gevoelsleven werkelijk verborgen. Dat gaat natuurlijk niet in een paar maanden tijd. Nogmaals, dat is een levensopgave en misschien wel een opgave van *meerdere* levens. Maar ooit moet je beginnen.

Nu is er een heel concrete mogelijkheid om in een klein stuk van het gevoelsleven de heerschappij te verkrijgen. Wanneer je tegen jezelf zegt: 'Ik wil nu met opzet gelukkig zijn', dan gaat dat niet. Je moet dan bepaalde kwaliteiten in het leven opzoeken waarmee je dat kunt verbinden. Zomaar uit het niets gelukkig zijn, gaat niet. Ieder mens heeft in zijn leven geluk. Zelfs de allergrootste ongeluksvogel heeft in zijn leven aspecten die je gelukkig kunt noemen. Er is niets wat je tegenhoudt om die aspecten op te zoeken en je gevoel daardoor te laten wekken. Duik in je herinneringen, zoek in je toekomstperspectief datgene wat geluk in je leven is. En zwelg daar maar eens in. Hou op met daar tegenover al het ongeluk te stellen waardoor je geluksgevoel wordt afgezwakt, ga uitsluitend op zoek naar je geluk.

Je zult ongetwijfeld aanvankelijk een gevoel van machteloosheid hebben, omdat je, ook al vind je de momenten van geluk en de zaken of gebeurtenissen die in jouw leven gelukkig zijn, je gevoel daar niet onmiddellijk voor kunt laten warm worden. Dat vraagt oefening. En daarvoor is het nodig om niet alleen in je persoonlijke leven het positieve te zoeken, maar om ook in het leven in het algemeen het positieve te zoeken. En dat wordt de oefening van deze week. Het zal niet lukken om 's morgens als je wakker wordt tegen jezelf te zeggen: 'Nu ga ik het positieve zoeken'. Dat kun je wel zeggen, maar na een korte tijdsspanne ben je het vergeten en ben je weer overweldigd door de stemming waarin je over het algemeen bent. Misschien mogen we wel zeggen dat de huidige mens meer neigt tot kritiek dan tot positiviteit. Het wordt ons ook wel heel moeilijk gemaakt om de positiviteit te handhaven. Maar deze oefening is ook niet zo bedoeld dat je moet zeggen: 'Ik moet nu de hele dag positief zijn', dat gaat niet. De oefening is dat je achteraf, aan het eind van de dag, in een moment van oefening, terugkijkt naar bepaalde gebeurtenissen, gesprekken en ontmoetingen. Ik zou daar weer een klein deel van uitkiezen en daar zoek je dan het positieve, dat er echt is. Je gaat dus niet fantaseren, ophemelen, iets wat niet positief is positief maken, maar je zoekt in het gegeven datgene wat positief is. En dat is er heus. Stel, je kiest een krantenbericht met een thema dat jou mateloos irriteert. Dan stel je jezelf een nogal moeilijke opgave, maar het kan. Je kunt in dat artikel, dat jou mateloos irriteert, toch zoeken naar wat daar positief in is. En het bestaat niet dat het er niet zou zijn.

Een grotere uitdaging is het contact met je medemens. Wanneer je een verliefdheid hebt, dan ben je in de gelukzalige toestand van de positiviteit. Dan zie je het positieve in de ander, wat misschien door niemand anders wordt gezien, en wat toch heus wel waar is. De bekende uitdrukking 'liefde is blind' zou beter kunnen worden omgevormd in 'liefde is helderziend' want je ziet het positieve dat niemand ziet, maar dat er wel is. Die *helderziendheid*, die bij de verliefdheid hoort, moeten we nu proberen toe te passen op een situatie uit het leven van alledag. Dus je fantaseert niet, je hemelt niet op, maar je zoekt heel rustig naar elementen in die gebeurtenis die écht positief zijn.

We hebben in Nederland een grote voetballer gehad, Johan Cruyff, en die had een slagzin: 'Elk nadeel heb z'n voordeel'. Dat laatste willen wij deze week oefenen: in elk nadeel het voordeel zoeken, in elke gebeurtenis zoeken naar de positieve elementen. En wanneer het om mensen gaat, wanneer er een gesprek is geweest met iemand waar je niet verliefd op bent of misschien zelfs met iemand op wie je normaal gesproken veel kritiek hebt, dan mag je dat nu rustig ook hebben, maar je zoekt tevens naar wat positief is in die ander. Heel actief zoeken naar de positieve eigenschappen, elementen in de gebeurtenis, zinnen die hij of zij heeft uitgesproken, gezichtsuitdrukkingen die hij of zij heeft gehad. Er is altijd genoeg te vinden wat positief is.

Je bent dan actief geworden in het voelen. Niet doordat je het gevoel opklopt, maar doordat je inhoud in het leven zoekt die jou een bepaald gevoel kan geven. Dat kun je doen met het geluk in je eigen leven en met de positiviteit in de gebeurtenissen van alledag.

NOVALIS

DE TWAALFDE OEFENING

In het verloop van de verschillende oefeningen hebben we het gevoelsleven iets beter leren kennen dan van nature het geval is. Het gevoelsleven is een uitdaging in het mensenleven, het levert de allerschoonste momenten op, maar ook de allerdonkerste. En we kunnen er moeilijk bij komen.

Gevoelens komen op zonder dat je daar de hand in hebt, en je hebt misschien nu een heel voorzichtig begin gevoeld van de mogelijkheid om zelfbewust met je gevoelens om te gaan. Je kunt ze niet zomaar vormen.

Maar je gedachten kun je wel zomaar vormen. En in die zin is het mogelijk om door het vormen van andere gedachten dan die van nature in je opkomen, ook je gevoelens te veranderen. De weg die we hebben bewandeld leidt naar een welomschreven punt, en dat is het punt waar je als kind van nature al was. Dat punt is verloren geraakt, is bedorven, aan de andere kant ook ontwikkeld en verhelderd en verbeterd, maar het heeft niet meer die directe onschuld die bij het kleine kind nog heel duidelijk is. De weg die we door het gaan van onze oefeningen hebben bewandeld, leidt naar dat punt waar we als kind al waren.

Dat is het punt waar je niet belast bent door al je gevoelsbelevenissen in je leven, waar je niet belast bent door al je meningen en vooroordelen die je inmiddels hebt gevormd, waar je niet belast bent door je volksaard, je opvoeding, je geleerdheid of je ongeleerdheid enzovoort. Je gaat namelijk terug naar het punt waar al die dingen er nog niet waren. En je vindt dan een punt in je gevoelsleven waar je volkomen kwetsbaar onschuldig bent. In dat punt is alles mogelijk, en wat er op je toe komt voel je zo zuiver en oorspronkelijk als maar kan. Je durft niet goed in dat punt stand te houden, want het is de kwetsbaarheid waar je bang voor bent. Je hebt intussen een harnas om je heen gesmeed en je hebt alle mogelijke punten van kwetsbaarheid grondig beschermd en je hebt dat gedaan door een heel stel van verweerargumenten en -gevoelens op te bouwen om tussen jezelf en de ander, of het andere, te zetten.

Daardoor leef je in een wereld die de trekken heeft van jou. En hoe die wereld in werkelijkheid is, zou je niet kunnen ontdekken wanneer je je gevoelsleven niet zou kunnen vrijmaken van al die ballast die met jouw leven te doen heeft. Je bent niet een persoonlijkheid, een individualiteit, door al die eigenaardigheden. Je ware persoonlijkheid, je ware individualiteit, kan pas in het licht komen wanneer je de moed vat om je kwetsbaar open en onschuldig op te stellen. Daar, in dat punt, ben je volkomen waarachtig, eerlijk jezelf. Je vervalt niet in het misverstand dat het *zelf* bestaat uit al je opgebouwde meningen over hoe *jij* de dingen ziet en wat jij ervan vindt. Dit punt kun je het punt van de *onbevangenheid* noemen. Het is het middelpunt van je ziel, van je gevoelsleven, daar waar het gevoel in de zuivere kwaliteit opwelt en niet bedolven is onder de vracht van je levenslast.

Nu kun je hier natuurlijk terecht tegenin brengen dat het leven niet alleen een last heeft gebracht, maar ook vruchten van ervaring. En wanneer je alleen maar onbevangen zou zijn, en je zou je ervaring volledig buiten beschouwing laten, dan zou je gevaar lopen en dat gevaar zou reëel zijn. Dat is waar. Maar het geldt niet, omdat, wanneer je het punt van onbevangenheid terugvindt, dit niet betekent dat je met het afleggen van al je meningen, vooroordelen en gewoontegevoelens, ook je levenservaring aflegt. Dat doe je niet, dat kun je ook niet. Je blijft namelijk toch, voorlopig, werkelijk wie je bent. Je zou ook niet een ander willen zijn, je zou jezelf ook niet als persoon willen verliezen. Het gaat alleen om de bron die kan opwellen in het centrum van je wezen, zonder dat daar direct van alles tegenin gebracht wordt. Maar degene die de gevoelens beleeft, is en blijft natuurlijk degene die ook de levenservaring en de vruchten van alle belevenissen draagt. Het verschil is, dat die het oorspronkelijke onbevangen onschuldige gevoel niet belemmeren.

De vraag is: hoe oefen je dit? We kunnen slechts een eerste stap zetten, maar die stap is betekenisvol. Laten we een week lang alles wat ons tegemoet komt *geloven.* Niet geloven in de zin van dat je het als definitief voor waar aanneemt, maar geloven in voorlopige zin. Niet afwijzen, ook niet aannemen, maar gelovend laten staan. Wanneer je een persconferentie van politici bekijkt en het zijn politici die jouw sympathie niet hebben, dan zul je geneigd zijn om wat ze ook zeggen te verwerpen. Dat doen we nu een week lang niet. We geloven wat ze zeggen. Niet geloven in de zin van aannemen, maar geloven in de zin van dat diegene die daar spreekt meent wat hij zegt. Het kan best zijn dat het helemaal niet waar is, maar dat maakt voor de onbevangenheid nu niet uit. We zijn niet op zoek naar de ultieme waarheid in deze oefening, maar we zijn op zoek naar de ultieme waarheid in onszelf, daar waar je bent in jezelf als kind, vol van *onschuld* en *onbevangenheid. Verwondering.* Niet verbazing, maar verwondering. Ook niet verbijstering. Verwondering. Je geeft je over aan de loop van de gebeurtenissen zoals die zich in jouw leven aandienen en je kijkt, luistert, proeft, ruikt begrijpt als een *kind.* Een kind heeft het vermogen om echt in Sinterklaas te geloven. En als het dan op een gegeven moment uit de droom geholpen wordt, dan heeft het toch nog het vermogen om het feest te vieren op grond van de herinnering aan het geloof. En dat hebben wij ook. Er is een tijd in ons leven geweest dat we *onbevangen* waren. Daar hebben we een herinnering aan, al denk je daar nooit aan. Maar ooit was je zo en je probeert nu, deze week, onbevangen, onschuldig, goedgelovig, in de beste zin van het woord, door het leven te gaan.

Novalis, 1772 - 1801

Om leraren in het denken te vinden is niet erg moeilijk. Maar wanneer je in de mensheidsgeschiedenis verlangt naar leraren in het voelen dan ligt dat anders. Dat heeft te maken met het feit dat het gevoel een zo *subjectief* element is. Het zijn de kunstenaars die leraar in het voelen kunnen zijn, en zo is er een vergeten dichter, eind 18e begin 19e eeuw die, zo lijkt het mij, een meester in het echte voelen geweest is. Hij is jong gestorven aan tuberculose, op 29-jarige leeftijd, hij was dichter en mijnbouwkundig ingenieur. Hij combineerde in zichzelf de exactheid en de schoonheid. Bij deze dichter, die ook proza geschreven heeft, kunnen wij met een gerust hart te rade gaan om ons gevoel verder te ontwikkelen. We hebben het punt gevonden waar alle subjectiviteit zwijgt en we in volledige onbevangenheid open zijn. Deze dichter, zijn naam is Friedrich von Hardenberg, misschien ken je hem wel onder de naam Novalis, heeft een stukje proza geschreven over een samenkomst van leerlingen die de natuur onderzoeken. Er zijn verschillende gesprekken beschreven tussen reizigers die samenkomen in een instituut en die daar diepzinnige gesprekken voeren.

Op een bepaald moment staan zij bij elkaar en er klinkt het volgende:

'Oh dat de mens, zeiden ze, toch de innerlijke muziek van de natuur zou verstaan en een zin zou hebben voor uiterlijke harmonie. Maar hij weet immers nauwelijks dat wij bij elkaar horen en dat het een niet kan bestaan zonder het ander. Hij kan niets laten liggen, tiranniek scheidt hij ons en grijpt in pure dissonanten om zich heen. Hoe gelukkig zou hij kunnen zijn wanneer hij met ons vriendelijk zou omgaan en ook lid zou worden van ons verbond, zoals eens in de gouden tijd, zoals hij die met recht noemt. In die tijd begreep hij ons, zoals wij hem begrepen. Zijn begeerte om God te worden heeft hem van ons gescheiden, hij zoekt wat wij niet weten en kunnen vermoeden, en sindsdien heeft hij geen begeleidende stem, geen medebeweging meer. Hij vermoedt wellicht de oneindige wellust, het eeuwige genot in ons en daarom heeft hij een zo heerlijke liefde tot enigen van ons. De betovering van het goud, de geheimen van de kleuren, de vreugde van het water zijn hem niet vreemd. In de antieke tijd vermoedde hij de wonderbaarlijkheid van de stenen en toch ontbreekt hem nog die zoete hartstocht voor het weven van de natuur, het oog voor onze verrukkelijke mysteriën. *Leerde hij nu toch eens voelen!* Deze hemelse, deze natuurlijkste van alle zintuigen kent hij nog weinig. Door het gevoel zou de oude tijd waarnaar hij verlangt terugkomen; het element van het gevoel is een innerlijk licht dat zich in mooiere, in krachtigere kleuren breekt. Dan gingen de sterren in hem op en hij zou de hele wereld leren voelen, helderder en veelvoudiger dan hem het oog nu grenzen en vlakken toont. Hij zou een meester van het oneindige spel zijn en hij zou al het dwaze streven in een eeuwig zichzelf voedend en een steeds groeiend genot vergeten. Het denken is slechts een droom van het voelen, een gestorven, een bleekgrauw, zwak leven.' [3]

Wanneer je het punt van *onbevangenheid* bereikt hebt, heb je in feite het instraalpunt wat men de ziel zou kunnen noemen gevonden van het eigenlijke individuele wezen dat jij bent. Wanneer je het niet direct met egoïsme associeert, kun je dat het *ik* noemen, omdat *jij* jezelf ook zo aanspreekt. Dus daar waar de onbevangenheid in de ziel geleid heeft tot de grote rust en vrede die het zielenleven, wanneer het ontwikkeld is, kenmerkt, dan straalt daar de individualiteit binnen. En die individualiteit, dat punt, kan jou pas tot een echt intensief betrouwbaar waarachtig objectief voelen brengen. Daar kunnen we opnieuw Novalis als leermeester te hulp roepen in dat kleine stuk proza dat hij geschreven heeft over 'De leerlingen te Saïs'. Een mysterieschool in het oude Egypte, waar mensen bij elkaar komen die zichzelf willen ontwikkelen. In dat kleine stuk proza zijn we getuige van een aantal gesprekken die buitengewoon leerzaam zijn wanneer je wilt leren voelen. Niet alleen deze citaten die ik hier nu geef zijn daarvoor geschikt, het hele boekje zou je niet alleen moeten *lezen* maar ook moeten *voelen*. Dan zou je heel langzaamaan gewaar beginnen te worden dat het gevoelsleven nog iets heel anders kan zijn dan dat opwellen van sympathie en antipathie met alle daarbij behorende gevoelens. Ik citeer dan nog een klein stuk uit 'De leerlingen te Saïs':

'Op alles wat de mens doet, moet hij zijn ongedeelde opmerkzaamheid, ofwel zijn ik richten', zei tenslotte de ene, 'en wanneer hij dit gedaan heeft, dan ontstaan al gauw gedachten, of

3 Novalis, *De leerlingen te Saïs*, Occident 2013.

een nieuwe soort van waarnemingen op een wonderbaarlijke wijze in hem, die niets schijnen te zijn dan tere bewegingen van een kleurende of schrijvende pen, of wonderlijke samentrekkingen en figuurvormingen van een elastische vloeistof. Ze verbreiden zich vanaf het punt waar hij de indruk vasthield naar alle kanten met levende beweeglijkheid, en zij nemen zijn ik met zich mee. Hij kan dit spel vaak direct weer vernietigen, doordat hij zijn opmerkzaamheid opnieuw deelt, of naar willekeur laat afdwalen, want ze schijnen niets dan stralen en werkingen, die dit ik naar alle zijden in dit elastische medium opwekt, te zijn, of diens brekingen daarin, of een zeldzaam spel van golven van deze zee met de starre opmerkzaamheid. Hoogst merkwaardig is het, dat de mens pas in dit spel zijn eigenaardigheid, zijn specifieke vrijheid echt gewaarwordt, dat het hem voorkomt, als zou hij uit een diepe slaap ontwaken, als zou hij nu eerst in de wereld thuis zijn, en zou zich nu eerst het licht van de dag over zijn innerlijke wereld uitbreiden. Hij gelooft het gebracht te hebben tot het allerhoogste, wanneer hij zonder dit spel te storen, tegelijk de gewoonlijke dingen van de zintuigen kan uitvoeren, en kan gewaarworden en denken tegelijk.

Daardoor winnen beide waarnemingen: de buitenwereld wordt doorzichtig en de binnenwereld veelvoudig en betekenisvol, en zo bevindt zich de mens in een innig levende toestand tussen twee werelden, in de meest volkomen vrijheid en het meest vreugdevolle machtsgevoel. Het is natuurlijk, dat de mens deze toestand probeert te vereeuwigen en deze over het totaal van zijn indrukken probeert te verbreiden, dat hij niet moe wordt deze associaties van beide werelden te vervolgen en hun wetmatigheden en hun sympathieën en antipathieën na te vorsen. Het totaal van datgene wat ons raakt, noemt men de natuur, en dus staat de natuur in een directe verhouding tot die ledematen van ons lichaam, die wij de zintuigen noemen. Onbekende en geheime betrekkingen van ons lichaam laten onbekende en geheime verhoudingen van de natuur vermoeden, en zo is de natuur die wonderbaarlijke gemeenschap, waar ons lichaam ons in binnenleidt en die wij naar de maat van zijn voorzieningen en vermogens leren kennen.'

PAULUS

We kijken terug naar de oefeningen die we hebben gedaan. Er zijn tenminste drie belangrijke kwaliteiten in het gevoelsleven. De eerste is de *waarheid*, de tweede de *waarachtigheid* en de derde de *liefde*. Waarheid ligt niet zozeer in het gevoelsleven. Het gaat om inhoud die je denkt, die al dan niet samenhangt met de waarneming van de zintuigen. Van de inhoud die je denkt, wil je *erkennen* dat deze waar is, of je wilt *afwijzen* dat die waar is. Dat is een gevoel. Wanneer in het denken en waarnemen intrinsiek de logica en de overeenstemming met de verschillende gedachten en de waarneming aanwezig is, dan kun je met het denken de waarheid erkennen. Die behoeft dan geen bevestiging, die behoeft geen diepere laag om aan te voelen of iets waar is of niet.

Maar een heel groot levensgebied heeft die waarheid *niet* in de inhoud al gegeven. Daar moet je over nadenken en wanneer je gaat nadenken, ben je op zoek naar de mogelijkheid om te onderscheiden of datgene wat je denkt waar is of niet. Dat onderscheidingsvermogen heeft met het kunnen voelen te maken. Maar zolang je gevoel uit *subjectieve gewaarwordingen* bestaat, kun je er niet op vertrouwen. Daarom hebben we in de afgelopen oefeningen een aantal stappen gezet om het *objectieve voelen* naar voren te halen en zo het *onderscheidingsvermogen* voor de waarheid te waarborgen. Ik heb het voorbeeld van de stelling van Pythagoras, het bewijs daarvan, gegeven en het voorbeeld van een stukje tekst. In beide gevallen is de waarheid evident. En toch ligt die niet onmiddellijk voor het grijpen. Je moet wel echt zelf nadenken om de waarheid te kunnen vaststellen en we hebben gemerkt dat daarbij het gevoel 'ja' of 'nee' of 'ik weet het niet' uiteindelijk de beslissende stem heeft. Dat is iets wat je, wanneer je de waarheid zoekt en een weg zoekt om die waarheid te onderscheiden van de onwaarheid, moet blijven oefenen in een veel groter gebied dan wat ik hier in dit korte bestek kon aangeven. Het gaat erom, dat je steeds weer inhoud denkt die gegeven is en leert luisteren naar het objectieve gevoel. Dat objectieve gevoel spreekt beter, duidelijker, nadat je de hele reeks oefeningen hebt gedaan en weer opnieuw begint. Als het goed is zul je dan merken dat je veel duidelijker je gevoel waarneemt dat *buiten* jouw eigen gevoel spreekt. Het kan heel goed zijn dat je dan nog niet kunt zeggen 'dit is waar' of 'dit is niet waar' en dat je dan toch vooruitgang hebt geboekt, hetgeen blijkt uit dat je je gevoelens begint te voelen. Dat ze niet, als het ware, in je opstijgen en niet herkend worden, maar dat je ze voelt opstijgen en ook steeds beter kunt benoemen. Dan komt het denken weer op het toneel. Dan komt het aan op een juiste *interpretatie* van het voelen. Maar wanneer je het hebt gebracht tot het bereiken van die diepere laag in je gevoelsleven, dan is het 'bedenken' van het gevoel over het algemeen slechts een kwestie van bevestiging. Dan is het bedenken niet opnieuw een vragen, maar dan is het het bewustworden van wat je met het gevoel *weet.*

De tweede kwaliteit in het gevoelsleven is de *waarachtigheid.* De *authenticiteit.* Dat is iets wat je eerst in jezelf moet wekken, voordat je mag gaan oordelen over de authenticiteit van anderen. Natuurlijk doe je dat in zekere zin altijd al wel, dat oordelen, maar eigenlijk kun je dat niet als je de waarachtigheid als kwaliteit niet door en door kent. *Onwaarachtig* ben je wanneer je je anders voordoet dan je bent. Dat betekent niet dat je alles wat je voelt er maar uit moet gooien en moet uitleven. Dat is een misverstand, dat

dat de schone spontaniteit zou zijn. Het kan heel goed zijn dat je gevoelens tegenover iemand hebt van afkeer, maar dat je je vermant en dan toch vriendelijk bent. Dat is niet onwaarachtig, het is pas onwaarachtig wanneer het een lege vertoning is. Wanneer je jezelf niet hebt meegenomen daarin, wanneer het alleen maar zo is dat je een masker op hebt gezet, maar daarachter nog steeds dezelfde afkeer koestert. Je kunt dus heel goed waarachtig zijn wanneer je je anders gedraagt dan je directe gevoel jou zegt. Maar dan moet die waarachtigheid blijken uit het feit dat je met je volle belevingswereld je vriendelijkheid, je begripvolheid of wat je ook wilt zijn, opvult. Dan is de oorspronkelijke afkeer overwonnen door de positiviteit. Onwaarachtigheid heeft eigenlijk altijd te maken met het feit dat je een rol speelt waar je zelf niet in zit. Een vertoning is dat. Een dergelijke toneelvoorstelling is niet aangenaam om bij te wonen. Je bent dan in feite een echte leugenaar, omdat je niet in waarheid bent wie je bent. Je speelt een rol. Een goede acteur vult die rol met eigen wil helemaal op. Zo kun je als acteur zelfs waarachtig verschijnen. Een slechte acteur blijft ofwel te veel zichzelf en bereikt niet het punt om de persoon wiens rol hij speelt op te vullen, omdat het eigen zelf als het ware de rol als een mantel aantrekt, ofwel de rol wordt wel gespeeld, maar abstract. Zoals je een lesje kunt leren dat je niets interesseert. Waarachtigheid heeft met *engagement* te maken, met de volle aanwezigheid in het gedrag. Dat hebben we nog niet echt geoefend. We zullen nu, nadat we in staat zijn geraakt om in de onbevangenheid te zijn, deze onbevangenheid verder voeren in de richting van de waarachtigheid.

Een derde kwaliteit van het gevoelsleven is de *liefde*. Maar je zou de liefde ook een kwaliteit van de *wil* kunnen noemen. Zonder wil, dat wil zeggen zonder *inzet*, bestaat er geen liefde. Ware liefde is niet een lustvol gevoel van sympathie. Liefde heeft te maken met het *vergeten* van jezelf, met een offer van jezelf, ter wille van het belang van iets anders of iemand anders. Dat is het wilsaspect van de liefde, maar het is ook een gevoelskwestie, want in het gevoel hebben we de strijd leren kennen met de subjectieve gevoelens. Die staan de ware liefde altijd in de weg. Ware liefde doet zich voelen doordat iets anders dan jijzelf de plaats inneemt. En dat je wat ieder mens nu eenmaal heeft, de zelfliefde, in dezelfde mate of in nog hogere mate echt voelt voor dat andere. Alleen wanneer dát het geval kan zijn, wordt het ook mogelijk om met het gevoel de waarheid van de onwaarheid te onderscheiden. Liefde is een onbeschrijflijke kwaliteit. Ik heb weleens eerder een poging gedaan om de liefde te beschrijven in mijn boekje 'Waarom zou ik mediteren'. Daarin is ook alleen maar een onhandige benadering van de liefde tot stand gekomen en zoals ik het hier nu schrijf, is het ook absoluut onvoldoende om weer te geven wat de echte liefde nu eigenlijk is. Als je een mens liefhebt, dan heb je zijn incarnatie lief. Dat bedoel ik letterlijk. Ik bedoel de wijze waarop die mens zich met zijn lichaam presenteert. En dat is een omvattend proces, dat is nooit een voldongen feit. Het is niet een feit dat iemand er leuk uitziet of goed gekleed is, of intelligent is, of goed viool speelt. Zulke feiten zijn het niet, maar het is het proces waarmee de *individualiteit* zich in het *lichaam* openbaart. En daar behoren al deze dingen, zoals er leuk uitzien, zich goed kleden en mooi viool spelen, toe. Maar de liefde ziet niet het resultaat, de liefde ziet het proces. En wanneer je dat bij iedereen zou kunnen zien, dan zou je van alle mensen houden, want ieder mens is in dat opzicht een wonder: Hoe die 's morgens, wanneer hij of zij wakker wordt, dat lichaam weer betrekt om zich zo glorieus te openbaren, ook als het helemaal niet goed lukt, als de persoon in kwestie gefrustreerd is omdat hij niet uit de verf komt, wanneer je zelf niet goed ziet met wie je eigenlijk te maken hebt. Als je het proces zou kunnen beleven, zou je ook in het vruchteloze pogen van de individualiteit om zich te openbaren dat wonder aanschouwen en je zou vervuld zijn van de allerhoogste, diepste en wijdste liefde voor die persoon. Het lot brengt je in het leven over het algemeen maar een paar mensen bij wie je dat vanzelf hebt. Maar er bestaat een mogelijkheid om in het gevoelsleven zo rijp te worden, dat je bij alle levende wezens dat proces bij momenten gewaar kunt worden. Zou je dat kunnen, dan zou je ook zonder verdere lessen weten dat een plant een heel ander levend wezen is dan een dier. Maar vooral zou je weten dat een dier een heel ander levend wezen is dan de mens. Je zou dier en mens nooit in een evolutie in de tijd zomaar achter elkaar kunnen zetten. Want het proces waarmee het wezen zich openbaart, is totaal verschillend. En zo zou je erachter komen dat de liefde zelf de beste leermeester is. Omdat je niet meer naar resultaten en naar feiten kijkt, maar naar processen. Naar hoe iets zich openbaart. En in dat *hoe* leeft de liefde van degene die zich openbaart en die liefde is dezelfde als de liefde van degene die aanschouwt. En in die zin is er altijd een totale vereniging van beide wezens, in de liefde. In het meest gelezen boek ter wereld, de Bijbel, staan meerdere lofzangen op de liefde.

Ik herinner me de begrafenisplechtigheid van prinses Diana, waar de toenmalige prime minister, Tony Blair, uit de Bijbel, uit het Nieuwe Testament een loflied op de liefde voorlas. Het was niet de eerste keer dat ik dat fragment hoorde, maar het heeft wel een onuitwisbare indruk gemaakt, zó dat ik me dat nu nog steeds herinner. Ik zal het citaat hier geven. Maar het is inmiddels meer dan tweeduizend jaar verder, en wij als moderne mensen maken geleidelijk aan de overgang van het gewaarworden van feiten naar het gewaarworden van processen. En het proces van het zich openbaren in de levende mantel van de materie is zonder enige twijfel het meest belangrijke en indringende proces, het is de liefde die alles verenigt.

1.Korinthiërs 13, apostel Paulus over de liefde

1 Al ware het, dat ik de talen der mensen en der engelen sprak,
en de liefde niet had, zo ware ik een klinkend metaal, of luidende schel geworden.
2 En al ware het dat ik de gave der profetie had, en wist al de
verborgenheden en al de wetenschap; en al ware het, dat ik al
het geloof had, zodat ik bergen verzette, en de liefde niet had,
zo ware ik niets.
3 En al ware het, dat ik al mijn goederen tot onderhoud der
armen uitdeelde, en al ware het, dat ik mijn lichaam overgaf,
opdat ik verbrand zou worden, en had de liefde niet, zo zou het
mij geen nuttigheid geven.
4 De liefde is lankmoedig, zij is goedertieren; de liefde is niet
afgunstig; de liefde handelt niet lichtvaardiglijk, zij is niet opgeblazen;
5 Zij handelt niet ongeschiktelijk, zij zoekt zichzelve niet, zij
wordt niet verbitterd, zij denkt geen kwaad;
6 Zij verblijdt zich niet in de ongerechtigheid, maar zij verblijdt zich in de waarheid;
7 Zij bedekt alle dingen, zij gelooft alle dingen, zij hoopt alle
dingen, zij verdraagt alle dingen.
8 De liefde vergaat nimmermeer; maar hetzij profetieën, zij
zullen te niet gedaan worden; hetzij talen, zij zullen ophouden;
hetzij kennis, zij zal te niet gedaan worden.
9 Want wij kennen ten dele, en wij profeteren ten dele;
10 Doch wanneer het volmaakte zal gekomen zijn, dan zal hetgeen ten dele is, te niet gedaan worden.
11 Toen ik een kind was, sprak ik als een kind, was ik gezind als

een kind, overlegde ik als een kind; maar wanneer ik een man
geworden ben, zo heb ik te niet gedaan hetgeen eens kinds was.
12 Want wij zien nu door een spiegel in een duistere rede, maar
alsdan zullen wij zien aangezicht tot aangezicht; nu ken ik ten
dele, maar alsdan zal ik kennen, gelijk ook ik gekend ben.
13 En nu blijft geloof, hoop en liefde, deze drie; doch de mees-
te van deze is de liefde.

BEZINNING
FRIEDRICH SCHILLER

Er is een leraar in het voelen die tenslotte nog genoemd moet worden, het is een tijdgenoot van Novalis en Goethe. Novalis was een groot bewonderaar van hem, hetgeen moge blijken uit het volgende citaat, dat overigens tegelijkertijd een bewijs van een heel diep voelen is.

'Als de begeerteloze wezens die wij geesten noemen in de geestelijke hoogten zulke woorden en zo'n mensenkennis kunnen horen, zoals die van Schiller uitgaan, dan kunnen deze begeerteloze wezens, die wij geesten noemen, op een dag vervuld worden met dewens om af te dalen naar de menselijke wereld en hier belichaamd te worden, om te werken in de ware ontwikkeling van de mensheidsontwikkeling, die zulk weten mag opnemen dat van zo'n persoonlijkheid uitstroomt.'

Friedrich Schiller, 1759 - 1805

Deze leraar heeft met behulp van het denken getracht aan te duiden hoe belangrijk het voelen van de mens is. En hij heeft dat gedaan in een twintigtal brieven over de esthetische opvoeding van de mens. Friedrich Schiller heeft proza geschreven, toneelstukken en een aantal meer poëtische teksten, waaronder de tekst 'Ode an die Freude', een ode aan de vreugde. Daarin bezingt hij de broederlijkheid tussen de mensen. Dat was voor Beethoven aanleiding om zijn negende symfonie te schrijven, die aan het eind een gezongen 'Ode an die Freude' is: 'Alle Menschen werden Brüder'. Dat lied is tenslotte de hymne van de Europese Unie geworden en ik heb aan het eind van het boekje 'Leer Denken!' hetzelfde gezegd, namelijk dat daardoor deze Hemelse Ode veel aan hemelsheid verloren heeft, maar aan de andere kant is zo'n muziekstuk 'niet kapot te krijgen' en blijft het buitengewoon ontroerend en voeding voor de ziel.

In zijn brieven over de esthetische opvoeding van de mens heeft hij de polariteit beschreven die in de mens aanwezig is, namelijk dat hij aan de ene kant een neiging heeft om alles in vaste, eeuwige wetmatigheden te denken, waar niet aan te tornen valt, die weliswaar waar zijn, maar die tegelijkertijd zo onbeweeglijk en onveranderlijk zijn dat vrijheid in dat gebied een onmogelijkheid is. Daar lijnrecht tegenover stelt Friedrich Schiller de veranderlijkheid van datgene wat je met de zintuigen waarneemt. Dat is geen twee seconden hetzelfde, het is voortdurend in beweging, en terwijl aan de andere pool er een drang tot vereeuwiging bestaat, bestaat aan deze pool de drang tot voortdurende verandering. De pool van de vereeuwiging is de pool van de rede, de pool van de voortdurende verandering is die van de zintuiglijke waarneming. En Schiller noemt de drang naar het één de drang om alles in vorm te brengen, en daartegenover noemt hij de drang naar verandering de stof-neiging, de neiging om alles in het materiële bestaan veranderlijk te zien.

De mens zou niet kunnen leven wanneer er niet een evenwicht gebracht werd tussen die beide polen. En dat introduceert Schiller dan weer als het gebied in de mens waar vorm en stof met elkaar in uitwisseling treden, en dat is overal aanwezig waar het esthetische element de hoofdrol speelt, dat wil zeggen in het kunstzinnige. Dat is een neiging die tussen vorm en stof voortdurend evenwicht brengt. Hij noemt die neiging - in het Duits is het *Trieb*, maar wanneer je dat in het Nederlands met *drift* vertaalt dan wordt het te onbeheerst, dat is het niet, het is meer een aandrift, een neiging, een geneigd zijn tot spel - *Spieltrieb*. Daar hebben we ons de afgelopen weken mee bezig gehouden zonder dit zo te benoemen. Maar wanneer we willen leren voelen, dan moeten we leren luisteren naar die neiging om te *spelen*. Ik heb al meerdere malen verwezen naar het kind, waar je in de leer kunt gaan. Wanneer je het spelen wilt leren dan is er geen beter voorbeeld dan het kleine kind, dat met een ontroerende zorgvuldigheid vol verwondering de objecten onderzoekt en met ze speelt. Hier is geen sprake van enig nut, hoewel de speelgoedindustrie dat erin tracht te brengen. Het kind speelt het liefst nutteloos. En dat is de evenwichtbrenger tussen vorm en stof: wanneer de mens zich ertoe kan brengen te spelen. Daar ligt ook de lach, de humor. Daar ligt de vreugde van de fantasie. Daar ben je niet helemaal uiterlijk geworden, maar je ligt ook in het innerlijk niet vast aan de wetten van de logica. Je speelt met het één en je speelt met het ander. En wanneer we willen leren voelen, dan moeten we ons goed bewust worden dat eigenlijk alle voelen een overeenkomst heeft met spelen. Spelen met de teksten, spelen met de gesprekken, spelen met de eigenaardigheden van de medemens, spelen met de eigenaardigheid van jezelf. Spelen zoals een kind dat doet, niet zoals een volwassene dat doet, die de dingen niet serieus neemt in het spel. Dat doet het kind wel: het speelt, maar het neemt het spel ernstig. Het zijn niet de gezelschapsspelletjes die ik hier bedoel, het is niet het kaartspel of monopoly, dat soort spel wordt niet bedoeld, hoewel dat ook een afleiding uit de vorm en de stof kan zijn. Hier wordt het lichtvoetige, fantasievolle spel met het leven bedoeld. Hoe zou een componist uitgaande van een bepaalde toonsoort en een thema ooit tot een symfonie kunnen komen wanneer hij niet zou spelen? En waarom noemen we, wanneer we een instrument, een muziekinstrument beoefenen, dat spel? Ik speel viool, ik speel piano. Daar komt de bezigheid die we uitoefenen heel dicht bij wat spel is. Natuurlijk zit er een sterke vormaandrift bij, omdat we ons moeten houden aan datgene wat op noten gezet is. Toch is het spelen, omdat je binnen die vorm de vrije uitoefening kunt laten gelden. Het spel is tenslotte een *uiting* van het gevoel. En het gevoel speelt altijd met de dingen. Deze laatste woorden kunnen ook weer niet omvatten wat eigenlijk gezegd worden wil. Maar in de veelheid van het gezegde moge dan toch blijken waar het om gaat.

Dat ik Schiller nog aanhaal in de bezinning op wat over het leren voelen allemaal gezegd kan worden, heeft ermee te maken dat ik een laatste poging in dit boekje wil doen om het gevoel te wekken voor het gevoel. Onze cultuur is een denk-cultuur. En ook wel een wils- of handelingscultuur. Maar het voelen, daar waar de echte cultuur leeft, waar de kunst en het zinvolle nutteloze gevonden wordt, wordt in onze cultuur onderdrukt. Als dat lang genoeg doorgaat, kunnen de mensen op een gegeven moment niet meer *echt* voelen. Ze kunnen wel wild worden, en ze kunnen koud worden. Ze kunnen harteloos worden en ze kunnen haten. Ze kunnen lustvol liefhebben. Maar wat het eigenlijke *voelen* is wordt dan weggedrukt. En dat is al begonnen. Het is voor heel veel mensen al moeilijk om het gevoel op het spoor te komen. Het eerste wat dan moet gebeuren, is het subjectieve gevoel leren kennen om dan vervolgens daarachter het *ware* gevoelsleven te vinden. Wat ik hier nu mee zeggen wil, is dat naast de oefeningen voor het gevoelsleven, het besef kan worden gewekt dat daar waar de mens speelt, zijn ware gevoel gewekt wordt. Het gevoel geeft het spel, en het spel geeft het gevoel. Schiller heeft hoogstaande filosofische teksten geschreven over deze polariteit, met in het midden het spel. Die teksten zijn ook in het Nederlands vertaald. Iedereen die dat wil kan ze lezen, maar ze zijn niet makkelijk en ze stammen uit een tijd waarin wij niet meer thuis zijn. Maar het wezen van de mens is niet zo snel veranderd. Het spelen blijft een gevoelskwestie. En laten we naast onze oefeningen voor het leren voelen, dat *speelse element* niet vergeten.

Om toegang tot het voelen te krijgen moesten we de denkende kant ervan als uitgangspunt nemen. Er is ook een meer willende kant, maar die ligt verder onder de bewustzijnsdrempel en is daardoor niet te bespreken zonder eerst het *willen*, het *handelen*, het *doen,* onder de loep te hebben genomen. Dat zullen we in een volgend deel gaan doen. We zullen het voelen dan terugvinden, zoals het zich wendt naar de handeling. Maar voorlopig roep ik de lezer op met de woorden: ‘Leer Voelen!’ in twaalf oefeningen en een bezinning.